神輿《みこし》舁《か》きはどこからやってくるのか

京都にみる祭礼の歴史民俗学

中西 仁
Hitoshi Nakanishi

昭和堂

まえがき

もともと神輿とは何のつながりもなかった筆者が、引っ越し先で神輿会の会員募集の広報を見て、これだ！と京都の神輿の世界に飛び込んだのは、四十路手前の秋であった。体力も肉体も経験も貧弱な中年男が神輿を舁《か》くようになって二十数年が経った。二〇一六年十一月四日のフェイスブックにこんなことを書いている。（ちなみに記事の前日の十一月三日は毎年、京都の神輿渡御の最後を飾る天道神社、與杼《よど》神社、久我神社の祭礼の日であり、京都の神輿舁きたちにとっては、いわば「舁き納め」の日である。）

今年最後の神輿でした。なんか俺も歳いったなぁとか感じつつ、けど来年もやっぱり神輿舁くんやろなぁ。神輿場にはメチャメチャ凄いもん、えー？ちゅうようなおもろいこと、なんやそれ！ちゅう突っ込み処満載なこと、ほんまにいろいろあって、飽きることがありません。『人生に必要な知恵はすべて幼稚園の砂場で学んだ』ちゅう本がありましたけど、俺の場合は「幼稚園の砂場」が「神輿場」なんやなぁ。

この通りの二十数年間だった。本書は、筆者が神輿場で学んできたこと、教えてもらってきたこと、着想を得たことをあれこれ考えたり、調査したりしていくうちに一冊の本の形となったものである。つまり本書は、一人の神輿舁きが京都のさまざまな祭りで神輿を舁きながら書いた、神輿舁きによる神輿舁きの歴史である。

祇園祭に参加する人々の中で最も注目されるのは誰だろうか。おそらく長刀鉾の稚児ではないか。毎年、長刀鉾の稚児が選ばれると記者会見が開かれ、稚児はコメントを求められる。テレビや新聞で稚児の氏名、年齢、在学中の小学校名、親の名前と職業までは明らかにされる。山鉾巡行のテレビ中継では稚児の一挙手一投足まで撮影される。長刀鉾の稚児は祇園祭の花形である。それに対して最もどこの誰だかわからない者たち、すなわち祇園祭の周縁は神輿渡御に「蝟集」する神輿舁きたちであろう。

化粧を施され、美しい衣装をまとった涼しげな稚児とは対照的な、ほぼ半裸姿に法被だけをまとった汗まみれで暑苦しい神輿舁き。注目度は低い彼らではあるが、圧倒的なマスの存在感を放つ男たちの群に対して、「あの連中はいったいどこから来るのだろうか」という疑問を持つ人は結構いるのではなかろうか。しかしこの疑問を解決するのは難しい。なぜなら神輿渡御の最中は神輿舁き以外の見物人は神輿に近づくことは出来ないし、神輿舁きたちはなんだかいかつい感じで話しかけるのがためらわれる。そこで伝説が生まれる。

京都のとある春祭りで著者が目撃した場面。神輿が勢いよく出ていくと、見物人の会話が聞こえた。ある見物人の「神輿の連中はどこから来てるのか?」という問いかけに対して、傍らにいた他の見物人が、「あれは大阪から来てる神輿のプロや」と断言していた。しかし実際は、ほぼ全員がいずれかの京都の祭りでよく見かける京都の神輿舁きたちであり、彼らは専業者という意味でのプロではなかった。もうひとつ。最新の京都本である、『京都はこわくない』（仁平綾　二〇二四　大和書房）の祇園祭神輿渡御のくだり。首や肩に大きな神輿こぶ（神輿を舁いたらできるこぶ）がある神輿舁きを指して、あれは全国の祭を渡り歩いている担ぎ屋である、と物知り顔の男性が周囲の見物客に教えている場面が出てくる。筆者は二十年ほど祇園祭の神輿渡御に参加しているが、巡り合わせが悪いのか全国を渡り歩いている担ぎ屋に会ったことがない。大きなこぶができている神輿舁きの知り合いもそれなりにいるが、全て京都の神輿舁きである。

二つの話は、京都の祭の神輿舁きは京都ではなくどこか遠くから来ているという点で共通している。一種の都市伝説であると言えるだろう。「京都の祭りの神輿舁きは京都以外からやってくる」。この伝説はなかなか興味深い。例えば浅草の三社祭を見た人は、神輿を舁いているのは威勢のいい地元の「江戸っ子」だと思うだろう。それに対して、なぜ京都の祭りの神輿舁きは他所から来ると見えるのだろうか。それは京都に対するステレオタイプのイメージが深く関連している。外から見た京都のイメージを一言で言い表せば、例えば雅（みやび）という言葉になろうか。（そういえば昔、京都限定で「雅」という銘柄の煙草が売られていたことを思い出す。）雅と言うのはかつての宮廷社会や上流の町人たちの生活や文化から連想される言葉であって、神輿舁きはその範疇から外れている、すなわち雅な匂いがしないのだ。京都の神輿は殊の外重い。渾身の力と掛け声で舁かないと神輿は挙がらない。結果、神輿渡御は結構荒々しい。よく言えば雅で粋《すい》、別の言い方をすればシニカルで軟弱な京男が、神輿を舁くというような「しんどいこと」をするはずがない、と。実際に京都の祭りで神輿を舁いてきたのは近郊農村の若者たちであった。様々な力仕事に従事する肉体労働者であった。この事実が京都の祭礼の神輿舁きは他所からやって来るという伝説にどこか繋がっていると思われる。井上章一の『京都ぎらい』に描かれるかつての京都人、洛中の住民の感覚からすれば、近郊農村の若者たちや力仕事に従事する肉体労働者は、他所からやってきた人々であった。

「京都と言えば雅なまち」というありきたりな京都観からは、狭い角度からしか京都を見ることができない。かって数限りなく描かれた洛中洛外図の名が示すように、京都は上京の内裏や公家町、下京の祇園祭の山鉾町に代表される洛中（まち）だけではなく、洛中と洛外（郊外）が対をなして成り立っていた地域である。洛中の人びとの食や住を支えたのは、農業や林業などに従事した洛外の人びとであった。同時に洛中の住人は公家や豊かな町人だけではなかった。豪華な西陣織はさまざまな職人の分業によって完成するように、京都に富をもたらし、文化の創造の基底を担ったのは都市中下層の人びとであった。

洛中洛外図屛風の真ん中しか見てないと京都の全体像はつかめない。同じように、豪華絢爛な祇園祭の山鉾巡行や雅やかな葵祭の行列しか見ていないと、京都の祭りはわからない。祭礼の周縁、どこから来るのかわからない神輿舁きまで視野に入れることによってはじめて、京都の祭りは広く見渡すことができるのである。神輿舁きに焦点を当てた本書が、読者の方々の京都の祭りに対する見方を広げ、新しい視点を獲得できるきっかけとなれば幸いである。

本書は、立命館大学二〇二四年度「学術図書出版推進プログラム助成」を受けて刊行されました。審査の労をとっていただいた立命館大学研究高度化推進に関わる審査委員会の先生方、事務を担っていただいた立命館大学リサーチオフィスの皆さま、助成を頂きました立命館大学に対して深く謝意を表します。

神輿舁きはどこからやってくるのか——京都にみる祭礼の歴史民俗学

❖目　次

序章

祭礼の脇役「神輿舁き」を研究する意味

稲荷祭区内巡行（伏見稲荷大社御旅所）　2023 年 4 月 30 日　筆者撮影

はじめに

京都の祭礼と言えば、京都三大祭として知られる葵祭の平安絵巻、祇園祭山鉾巡行の豪華絢爛、時代祭の時代風俗パノラマを連想する人が多いだろう。また文化財に詳しい人ならば、二〇二二年にユネスコ無形文化遺産に登録された六斎念仏、やすらい花、久多《くた》の花笠踊を思い起こすかもしれない。それらの祭礼から導かれるイメージは、雅、伝統、静寂、あるいは観光ショーといった言葉に代表されるものであり、「古都京都」という印象を強化する。

しかし京都には、柳田國男が「一般的なる祭禮」と表現した「神輿の渡御、之に伴ふ色々の美しい行列」（柳田一九六二（一九四二）年 一八一）からなる祭礼、すなわち氏子たちが「氏神さんのお祭り」という言葉で言い表すような神輿渡御《とぎょ》、巡行[一]を伴う祭礼も数多く行われている[二]。京都に於ける「氏神さんのお祭り」には、広い氏子区域からなる今宮神社、上御霊神社、八坂神社、伏見稲荷大社、松尾大社などの規模の大きな祭礼と、旧村規模程度の地域を氏子区域とする比較的規模の小さい祭礼が存在し、多くの場合、神輿渡御、巡行が中心的行事である。例えば、祇園祭は現在では山鉾巡行ばかりが注目されるようになったが、もともと祇園社の祭神牛頭天王を洛中に迎える神輿渡御が祭りの中心的行事であり、山鉾巡行は神輿渡御の道筋を清めるという意味合いを持つともされる。

京都の祭礼では概ね近世の若者組に起源を持つ神輿会、青年会、若中等と称する神輿舁《か》き集団が神輿を舁いている[三]。神輿舁きの集団とは京都の祭礼に於いて重要な位置を占める集団であり、京都の祭礼研究では特に注目すべき研究対象であろう。長い歴史を持ち、日本全国の祭礼に大きな影響を与えてきた京都の都市祭礼の研究は、日本の祭礼研究全体に重要な地位を占めてきた。このことから、京都の神輿舁き集団の研究は祭礼研究全般にとっても重要なテーマであると言えよう。しかしながら京都の神輿舁き集団の研究は、ほとんど進んでいない。研究者を含む多くの人々にとって神輿舁きとは、神輿とともにどこからともなく現れて、神輿が留め置かれたらどこかへ去っていく捉えどころの無い烏合の衆であろう。祭りの最中に彼らとコミュニケーションをとろうとしても、まず安全面で神輿への接近は拒まれる。また、彼らが神輿を舁くことに注力していたり、各集団や祭りの情報交換に熱心であったり、飲酒を含む休憩中で話しかけることが憚られる状況であったりと、なかなか近づけない。このような実態が、これまで神輿舁き及びその集団に注目が集まらなかった、そして研究が進まなかった最大の理由と考える。

以上のことを受けて本書では、これまでほとんど注目されてこなかった京都の神輿舁き集団の成り立ちとその展開を明らかにすることを目的とする。本書によって、神輿舁き集団を視野に入れた形での京都の祭礼の研究や、全国各地の祭礼と京都の祭礼を神輿舁き集団という観点から比較することが可能となるであろう。加えて、主として近郊農村の農民や都市の中下層民による神輿舁き集団の成り立ちや展開を知ることは、京都という地域、民衆の歴史を神輿舁き集団という視点から眺めることであり、地域史、民衆史研究としても新たな提案になると考える。

一　研究の視座

(一) 民俗集団としての神輿舁き集団

本書では、現代の祭礼研究では一般的な名称である「神輿会」という用語を限定的な使用に留め、主として「神輿舁き集団」という用語を使用する。本書が京都の一八世紀後半から現在に至るまでの様々な時期の神輿舁きの集団を対象とするため、神輿会という現代的な表現の使用は適切でない場合が多いからである。

　神輿舁き集団とは何か。端的に言うと、祭礼の神輿渡御、巡行の準備から運営、祭礼当日に神輿を舁くこと、神輿渡御、巡行を指揮すること等の全部、または一部を担う集団である。本書では神輿舁き集団を、祭礼の下部組織もしくは一部分ではなく、神社などの宗教的権威や祭礼を経済的に支える富裕な氏子層、時には地域の有力者や地方自治体、警察などの意図を超えて、自立的、主体的に「神輿を舁くこと」に関わっていく集団と規定する。

　島村恭則は「民俗（thc vernacular）が生み出され、生きられる際」の「文脈、脈絡」に注目する。島村はそのような「文脈、脈絡」を個別の事象に閉じられたものではなく、社会に開かれた「社会的コンテクスト」とした上で、それを「地域、家族、親族、友人、職業、学校、宗教、宗派、エスニシティ、ジェンダー、階層、国家、時代、世代、社会問題、共通の関心、出来事、歴史的経験など、さまざまな次元」で共有する人々の集団を民俗集団と規定する〔島村　二〇二一　一五三～一五四〕。よって、神輿舁き集団の「集団」という言葉は単なるグループという意ではない。神輿を舁くという民俗が生み出される際の社会的コンテクストを、様々な次元で共有する民俗集団を意図する。この言葉によって、時代や社会、地域を取り巻く状況が変化しても臨機応変に民俗を担っていく有機的、自立的、組織的な集団というニュアンスを込めることができるのである。

　京都の祭礼に於いて、年齢階梯の原理に基づく地域共同体の若者組が、神輿を舁くようになったのは一八世紀後半である。祇園祭（祇園会）を例にとれば、それまでは祇園社と特別な繋がりを持つ神人が駕輿丁として、あるいは雇われた人足が神輿を舁いていた。神輿を舁くことは集団的実践である以上、少なくとも神輿渡御の場に於いては何らかの集団的原理がはたらいていたことは確実であろう。しかし、駕輿丁や雇われた人足がどのような集団を形成し、どのような社会的コンテクストの中で神輿を舁いていたのかは十分に解明されていない。[四]　それに対して、若者組による神輿舁きという実践が生み出される「文脈、脈略」は現在まで続く神輿舁き集団からある程度類推することが可能である。すなわち、神への「信仰」あるいは「信心」、若者たちによる「遊び」、自らの存在を誇示する「示威行為」、地域社会の賑わいを創出する「地域おこし」、地域共同体のアイデンティティを強化する「政治」等、実に多様な側面を挙げることができる。このことから現在まで続く若者組を起源とする神輿舁き集団はまさしく民俗集団と呼ぶことができるだろう。

(二) 神輿舁き集団と近代及び近代化

本書は神輿舁き集団の歴史研究を意図している。時間的には主に一九世紀初めから二〇世紀初めまでが中心となるだろう。この時期の民俗集団の歴史研究を進める上で、近代及び近代化は重要な鍵概念となる。島村恭則は民俗学的近代と歴史学、社会学的近代との関係について、人々は「「近代的世界システム」として把握される、制度や知識や技術をめぐる大状況」の中で生きており、「このシステム自体は「民俗学的近代」の方法だけで捕捉することなどは到底不可能」であり、「歴史学的近代論」や「社会学的近代論」との照合が不可欠であるとする〔島村二〇〇二　一二〇〕。このことから、本書では、民俗学が提示する「近代」、「近代化」を中心に、歴史学、社会学が提示する近代、近代化をもう一方の柱にして研究を進めて行く。

島村は「民俗学にとっての近代」について、「フィールドで対面する人々が経験してきた過去とそこに直接流れ込む過去の記憶であり、これは別言すれば、現在から見ての「前代」ということになる」とする〔島村二〇〇二　一一八〜一一九〕。田村和彦は民俗学に於ける近代化とは、「西洋に範をとる単系的な近代化と軌を一にしない社会の変遷と人の暮らし」であるとする〔田村　二〇一一　二〇四〕。例えば柳田國男は『明治大正史世相編』

の中で、足袋の変遷として、もともとは裸足が当たり前であった時代から、木綿の肌触りのよさや防寒から足袋が家々での「普通に用ゐられる」肌着の一種となり、後には仕事着の一部となり、さらには「靴の間接の感化」として地下足袋が現れたことを述べている〔柳田　一九六三（一九三一）　一五四～一五五〕。これなどは民俗学に於ける近代化の好例であろう。

京都の神輿舁き集団の多くは、地域共同体の若者組（若中）に起源を持つ。現在の古参の神輿舁きたちが、「むかし」、「われわれの先輩」というとき、近世後期の神輿舁きたちや神輿舁き集団までも含意している。それは神輿舁きたちが祭りや直会で古老たちの昔話を聞かされたり、神輿や道具類に記された「宝暦」、「天保」といった近世後期の年号や、「〇〇村若中」等の墨書に接してきたりしたことによる。つまり、現代まで続く神輿舁き集団の起源である若中が神輿舁き集団の「民俗学的近代」の始まりであり、以降、今日の神輿会に至るまでの神輿舁き集団の変遷は民俗学的な近代化である。

一方、歴史学に於ける時代区分としての近代は、幕末開国期に始まり第二次世界大戦終了、もしくは占領期までとされる場合が一般的であるが、何を研究対象とするかによって様々な見解が存在する。松沢裕作は「社会集団のあり方の変化」という観点に立ち、第一次世界大戦と第二次世界大戦の戦間期である一九二〇年代～一九三〇年代を画期とみる〔松沢　二〇二二　八～九〕。本書は明治・大正期の神輿舁き集団の変化や展開を主な対象としており、松沢の主張する近代に、時期的にも社会集団という対象に於いても当てはまる。松沢は近世的な社会集団の系譜を引く集団であったとしても、単純な連続体と見ることはできず、近代化の中で新たに結びなおされた集団であるとする。神輿舁き集団は近代社会の変化にどのように影響されたのであろうか。富永健一は社会学の見地から、日本を含む「非西洋世界」の近代化とは、「西洋近代からの文化伝播に始まる自国の伝統文化のつくりかえの過程」であるとする〔富永　一九九〇　四〇〕。富永の概念規定を日本の歴史に当てはめれば、日本の近代の中核的な時期は、近世的諸制度の廃止や富国強兵、殖産興業に象徴される明治期と、大正デモクラシーに代表される大正期ということになろう。富永は「近代化にともなう広義の社会変動の諸領域」として「経済的近代化（産業化）」、「政治的近代化（民主化）」、「社会的近代化（自由・平等の実現）」、「文化的近代化（合理主義の実現）」をあげている〔富永一九九〇　四〇～四五〕。本書では富永が言うところの「近代化にともなう広義の社会変動」を、神輿昇き集団の個別具体的な組織や実践の変化の背景として捉えていく。

二　先行研究から見た問題の所在

（一）祭礼研究に於いて

祭礼に関わる集団についての先行研究は数多いが、集団の構造や祭礼への影響を考える上で基本とすべきものとして有末賢（一九八三）、上野千鶴子（一九八四）、和崎春日（一九八七）・（一九九六）、及び松平誠（一九九〇）が挙げられるだろう。(五)このうち有末、和崎、松平は具体的な祭礼を対象として考察をすすめている。

有末は、東京都中央区の住吉神社大祭に於ける佃、月島のそれぞれの集団を住民の居住歴や居住形態から、祭礼の内部構造（佃）と外部構造（月島）と分類し、内部と外部の対抗関係が祭礼の運営や形に齎すダイナミズムを明らかにしている。

和崎は、京都五山の送り火の一つ左大文字に関わる集団である左大文字保存会、不動講、尼講の内部構造、成員の居住地の広がり、祭礼に於けるそれぞれの役割などを分析し、都市祭礼が複数の構成原理の違った集団によって成立している事実を明らかにしている。

松平は、埼玉県秩父神社例大祭、東京都府中市大國魂神社例大祭、東京都の高円寺阿波おどりについて、それぞれ伝統的都市祝祭Ⅰ、Ⅱ、合衆型と類型化し、それぞれの祭礼に関わる集団の社会との関係を開放性、柔軟性等を基準にして明らかにしている。

これらの先行研究が提示した視点を元に、祭礼に関わる集団についての研究が重ねられてきた。例えば日本生活学会による論集である「一〇〇年シリーズ」の一冊、『祝祭の一〇〇年』（二〇〇〇）は現在の祭礼研究の起点とされるが[六]、谷部真吾による森の祭りの「社」、中野紀和による小倉祇園太鼓の「有志チーム」、内田忠賢による高知よさこい祭の「チーム」、矢島妙子による札幌YOSAKOIソーラン祭りの「チーム」、阿南透による青森ねぶたの祭礼の「カラスハネトの集団」といった研究が見られる。

その後も現在に至るまで、祭礼に関わる集団に関する研究は多く見られるが、特定の視点から集団を分析した研究が見られるようになった。例えば、山田浩之編（二〇一六）は、「祭礼組織」を文化資本の一種であるソーシャル・キャピタルであると捉えて、五つの集団を取り上げている。また牧野修也編（二〇二一）は、「祭礼を挙行する際に行われる個別具体的な社会的行為を行う地域集団」が、どのように祭礼を運営しているのかという「担いのしくみ」の変貌に焦点を当てて、七つの集団を取り上げている。以上のような研究の流れの中でも、神輿舁き集団は研究対象として注目されてこなかった。上記の『祝祭の一〇〇年』、山田浩之編（二〇一六）、牧野修也編（二〇二一）にも神輿舁き集団は取り上げられていない。そのような中で、現代の神輿舁き集団を対象とする希少かつまとまった先行研究として、東京都府中市の大國魂神社のくらやみ祭りの神輿舁き集団を対象とした中里亮平（二〇〇八）、

（二〇〇九）及び（二〇一〇）、東京の神輿会を対象とした三隅貴史（二〇一六）、（二〇一七）及び（二〇二三）が挙げられる。三隅（二〇二三）は、浅草三社祭の神輿会に関する詳細なエスノグラフィーであり、京都の神輿舁き集団についても論及しているが、あくまで東京圏の神輿会との比較の対象に過ぎない。

京都の祭礼に於ける神輿の渡御、神輿舁きに関連した研究には、管見の限りでは米山俊直（一九七四）、米山俊直編（一九八六）、多仁照廣（二〇〇〇）、本多健一（二〇一三）、西山剛（二〇一三）・（二〇一七）及び（二〇二一）、河内将芳（二〇一二）・（二〇一五）及び（二〇二〇）、大島明（二〇一九）・（二〇二二）がある。現代を対象とした研究のうち、米山は祇園祭全体のフィールドワークに基づいており、神輿舁き集団は簡単に触れられている程度である。大島は西院春日祭の神輿渡御がどのように行われているかについて、名簿をもとに神輿舁きの居住地から分析するという斬新な手法を使っており、現代京都の神輿渡御の実態を知る上で貴重な研究である。西山及び河内の研究は中世及び近世の駕輿丁《かよちょう》を主な対象とした研究である。駕輿丁とは祇園社、北野社などの駕輿丁、神人《じにん》として神輿を舁いていた人々であり、氏子制度を基本とする現在の京都の神輿舁き集団とはつながらない人々である。一方、多仁（二〇〇〇）は、現在の稲荷祭の神輿舁き集団に直接つながる東塩小路村若中の成立展開に関わるものであり、京都に於ける神輿舁き集団の歴史研究としては貴重なものであると言える。また本多（二〇一三）は近世後期の今宮祭の神輿舁きたちの居住地域について考察したものであり、現在の今宮祭の神輿舁き集団の成立を考える上で示唆的である。ただし、多仁（二〇〇〇）、本多（二〇一三）ともに射程が近世にとどまっており、近代以降の展開については触れられていない。

以上のことから、神輿舁き集団に関する先行研究のうち現代に関するものは、ほぼ東京圏に限られている。また、京都関連の先行研究は、祇園祭を中心に特定の祭礼を対象としたものが散見され、時代区分は中世、近世が中心となっていて、現代京都の祭礼で見られる神輿舁き集団について、その起源まで射程に入れた総合的な研究はほとんどない。

日本全国の数多の祭礼に関わる集団の中で神輿舁き集団は、数の上でも、分布の範囲でも、存在感でも特筆されるべき集団であろう。しかしながら神輿舁き集団の研究はまだ緒に就いたばかりであり、歴史研究はほとんど進んでいないといえよう。日本の祭礼研究をさらに進める上で、様々な地域の神輿舁き集団の研究、中でも歴史研究は蓄積されなければならない。本書における研究は、京都の神輿舁き集団についての、近代を中心とした歴史研究であり、これまでの祭礼研究の空白を埋める事例研究となろう。

(二) 歴史研究に於いて

明治四（一八七一）年の「解放令」以降、近世の身分制度で賤民とされていた人々が、平等な氏子としての地位承認を求めて、祭礼への参加、とりわけ神輿舁きへの志向を高めることとなる。部落問題研究所編（一九九七）はこの動きを、「「賤民解放令」布告直後から、部落民の氏子加入・祭礼参加を要求する動きは活発であった。はじめは、部落の青年たちが祭りの仲間に加わろうと、神輿に肩を入れ、これを阻止しようとする部落外の若者たちと乱闘になるといった騒ぎが各地でおこり、傷害事件になることも多かった。これは間もなく裁判に発展した」とする〔部落問題研究所編　一九九七　九五〕。また白石正明は京都での状況を、明治十年代になると被差別部落民が祭礼参入を要求するようになり、その解決に十四、五年かかっている、とする〔竹森・廣岡　二〇一五　一六二〕。これらの先行研究は、「解放令」以降の被差別民衆の祭礼参加、神輿舁きへの参入を、まず紛争があり、訴訟などによる解決というフレームで捉えている。しかし、本書が第三章で取り上げる蓮台野村（野口村）の事例は、紛争、訴訟などによる調停、解決というパターンに当てはまらない。これまでの部落史に於ける被差別民衆の祭礼参加の通説を問い返すことになるだろう。

京都に於いては、近代以降に都市下層を形成し、社会的な賤視を受けてきた地域の人々の祭礼参加、神輿舁きへの参入の事例も存在する。第三章の鞍馬口村や若竹町の事例がそれに該当する。都市下層民衆にとって祭礼とは、つらい日常を忘れるハレの場であったが、本研究が解明したように、神輿舁きとして祭礼に参加することは彼らにとって大きな誇りであった。しかし、近代以降の都市下層民衆の研究に於いては、貧困、圧迫された生活状況、劣悪な生活環境、不安定な就労状況、もしくは半失業状態などが注目されてきたし、例えば本書が取り上げる祭礼についてはほとんど注意が払われてこなかった[七]。

京都に於ける被差別民衆や都市下層民衆の研究としては、京都部落史研究所（一九九一）、辻ミチ子（一九九九）、小林丈広（二〇〇一）などが代表的なものであろう。辻ミチ子は「さまざまな階層の人々が居住する京都」は、「公家社会と交流がある上層町人のかもしだす社会」もあるが、「数多くの人々が被差別社会の人たちと関わっての日常の生活を送っていた。それらの社会を包摂して「京都」は存在しているのである」、とする〔辻　一九九九　v〕。辻は京都と「京都」を使い分けている。カッコ抜きの京都とは雅や粋《すい》の古都、「そうだ 京都、行こう」でイメージされる京都であろう。それに対して「京都」とは、被差別民衆や都市下層民衆も含めた人々の生活の場としての京都である。ただし、辻も含めて従来の京都の研究では、被差別民衆や都市下層民衆が祭礼というハレの場に、どのような姿を現してきたか、どのような実践を積み重ねてきたかについては焦点が当てられていない。

近代までの人々にとってハレの日である祭礼は、平常の生活と同じくらい重要な意味を持っていた。被差別民衆や都市下層民衆にとって祭礼とは何か。この問いは民衆史に於いて、看過できない問いである。本書はその問いに対する答えの一端を示すことになるだろう。

三　研究上の課題

個々の祭礼に関わる集団の研究には様々な課題が存在すると思われるが、京都の神輿舁き集団の研究についての課題は以下の通りである。

まず第一に神輿舁き集団に関する記録、史料が少ない点が挙げられる。例えば祇園祭の山鉾巡行に関する記録、史料はかなり豊富であり、それらは各山鉾町及び資料館・博物館などに保管されている。それらの一部は活字化されたり複写されたりしており、誰でも研究資料として利用可能である。(八) それに対して、神輿舁き集団についての記録、資料の類は非常に少ない。またあったとしても研究者がアクセスできる形で公開されているものが僅少である。これには様々な理由が考えられるが、まず神輿舁きたち自身が文字や記録を残すことが少なかったことが挙げられる。つまり神輿舁きたちとは、都市下層を形成した肉体労働者であったり、京都近郊の中下層の農民であり、日頃文字に慣れ親しんだり、記録する習慣があまりなかったりした人々であった。また例えば祇園祭の山鉾町などでは、祭礼に関する記録がそれぞれの町によって、例えば各町の町会所、町家《ちょういえ》などに丁寧に保存されてきた。それに対して、神輿舁き集団には文字記録に対する価値を認めず、記憶や経験を重視する傾向があると感じる。神輿舁き集団の幹部への聞き取りの中で、史料や記録の有無を確かめると、記録の類は一定の期間は保存するがその後は廃棄する、という話を聞かされることも何度かあった。

次に挙げられるのは、京都の神輿舁き集団がある種の閉鎖性を持っていて、関係者以外にはなかなか口を開かない、つまり沈黙の掟のような規範を共有している、という点である。例えば東京の祭礼で見られる神輿会は同好会的組織であるが(九)、京都の神輿舁き集団はその神社の氏子であるというのがメンバーシップの建前となっている。このことは、京都の神輿舁きが、祭礼に於いては当該神社の氏子の表象である法被を着用して神輿を舁くことにあらわれている(一〇)。実際には、氏子以外の人々も神輿舁きに参加しているが、これらは全て当該の祭礼の神輿舁き集団のメンバーや氏子に、何らかの伝手がある神輿舁きたちであり、氏子以外の者がオープンに神輿舁きに参加することはできない。このため、研究者が参与観察や記録調査などの研究活動を行うには、一定以上の時間とメンバーとの深い人間関係を構築するといった手続きが必要となる。

加えて、祭礼に於ける神輿渡御、巡行は宗教行事、神事という位置づけであることから、これまで文化財行政が本格的に調査の対象としてこなかったことも大きい。例えば京都ふるさと伝統行事普及啓発実行委員会（事務局は京都市文化財保護課）がまとめた小冊子『京都の祭り・行事――京都市と府下の行事』（二〇二〇）、『京都の祭り・行事――京都市と府下の行事』二（二〇二一）には、地域住民が主体となって行われる祭りや伝統行事が取り上げられているが、掲載されている二十八の祭り、行事のうち、神輿を中心とした事例は二例しかなく、その二例も野菜でつくられたずいき神輿及び俵でつくられた俵神輿といった特殊な形態の神輿であることや、一般的な神輿に比べて宗教的な要素が薄いことから取り上げられたと思われる。神輿の出る祭礼である粟田神社や吉田今宮神社の祭礼も紹介されているが、神輿の先を行く剣鉾のみが取り上げられており、神輿には触れられていない。

四　研究の方法

柏木亨介（二〇一八）はある民俗事象の歴史性の認識の方法について、民俗の普遍的要素に注目する「普遍性論」、現代民俗の起源へ着目する「遡及論」、民俗の各時代の特徴へ着目する「変遷論」を挙げる〔柏木　二〇一八　五四〜五五〕。柏木によれば、「遡及論」に於ける民俗事象の調査方法は、「聞き書きと観察によって民俗事象の資料化を図ってその構造を析出した後、歴史資料や統計報告などを用いて過去の状況を確定させていく」〔柏木　二〇一八　五九〕というものである。

京都の神輿舁き集団の成立、展開の解明を目指した本研究は、柏木の謂うところの「遡及論」に該当する。以上のことから本研究を進めるに当たっては、柏木（二〇一八）を参照し、主として参与観察、聞き取り調査、文献調査の三つの調査方法を採った。

（一）参与観察

筆者はもともと祭礼や神輿舁き集団とは無関係であったが、たまたま目にした花園今宮神社若中神輿会の会員募集広告に興味を持ち同会に入会し、二〇〇二年〜二〇〇九年に会員として同会に所属した。花園今宮神社若中神輿会は氏子のみで構成され、同社の神輿渡御のみに関わる会である。花園今宮神社の神輿は小ぶりで軽量であるとともに、祭礼に参加する会員の人数は五十〜六十名程度おり、会員だけで神輿を渡御することが可能であった。また筆者の京都市立岡崎中学校勤務時の教え子から大豊神社神輿会に誘われ、同会に入会し、二〇〇三年〜二〇一七年に会員として同会に所属した。[一二] 大豊神社神輿会は氏子A氏とA氏の知人で結成された会であり、もともとは同好会的な会であった。同会は会員が少なく、大豊神社の祭りには様々な会の応援を頼むとともに、他の祭りに応援に行っていた。

以上の経緯で筆者も二〇〇二年以降多くの祭礼の神輿渡御、巡行に参加するようになった。これまで参加したのは、松尾祭（四月下旬、五月中旬）、稲荷祭（四月下旬）、大豊神社（五月四日）、繁昌神社（五月中旬）、御霊祭（五月十八日）、嵯峨祭（五月下旬）、東三条大将軍神社（五月下旬）、貴船神社（六月一日）、折上稲荷神社（六月上旬）、祇園祭神輿洗式（七月十日・二十八日）、祇園祭神幸祭（七月十七日）、祇園祭還幸祭（七月二十四日）、三嶋神社（九月中旬）、瀧尾神社（九月下旬）、白山神社（九月下旬）、水火天満宮（十月上旬）、西院春日神社（十月初旬）、花園今宮神社（十月中旬）、大将軍八神社（十月中旬）、三栖神社（十月中旬）、原谷弁財天（十月中旬）、銀閣寺八神社（十月下旬）、六請神社（十月下旬）、與杼神社（十一月三日）、天道神社（十一月三日）、久我神社（十一月三日）の神輿渡御、巡行である。年間に十回前後、延べにすると百五十回以上は神輿渡御に参加したことになる。現在はどの会にも属さない「フリー」の立場であるが、これまでに作り上げた人間関係の中で、いくつかの神輿昇き集団のご厚意を頂き神輿渡御に参加している。

前述した通り、京都の神輿昇き集団は外部の者に対して閉鎖的である一方で、知り合いの神輿昇き同士には非常に親密な交流が見られる。何度も祭りで神輿を昇くたびに顔見知りとなり、休憩時間等で世間話から始まって祭りや神輿昇きについても情報交換を行う様になる、という交流はよく見られる。[一三] 神輿昇きの場で接した神輿昇き集団や祭りの伝説、来歴やエピソードは疑問を解明する糸口となったり、過去の出来事についてのイマジネーションを膨らませる上で非常に役に立った（一三）。神輿に関しては、装飾品、道具、神輿舁きの技術、役割、組織等についての独特な用語、概念があり、神輿舁き集団について研究する場合にはこれらの用語、概念の理解が不可欠であるが、これらは参与観察を経て初めて理解できるものである。例えば、京都で神輿が舁かれる見せ場で、激しく神輿を揺さぶり鳴鐶《なりかん》と呼ばれる金具を鳴らす動作を「鳴らす」という。神輿を「鳴らす」ことは京都の神輿舁き集団の歴史を理解する上で看過できない重要な行為であるが、筆者の経験から言えば一定以上の時期や回数、神輿舁きに参加し経験を積まないと、なぜ鳴るのか、なぜ鳴らすのかが理解できないだろう。

身体性や人間関係の機微などに基づく無形の祭礼の諸現象を本質的に理解しようとするならば、参与観察は欠かすことができない。

（二）聞き取り調査

参与観察は広範な情報収集の機会であり、研究の視野を広げる。しかしそこで得られる情報は、しばしば断片的であったり、不正確であったりする。研究のテーマに沿った精度の高い情報を得るためには、キーパーソンへの聞き取り調査が必要となってくる。本研究に於いては、神輿舁き集団の幹部、かつて神輿舁き集団の幹部であった古老、夫や父親、息子などが神輿舁きである（あった）女性、祭礼の運営を担う氏子組織の役員、宮司などの神社関係者等を対象に聞き取り調査を行った。聞き取り調査の方法は、あらかじめ設定した質問による調査方法、テーマを絞っての聞き取りによる調査方法、自由な懇談による調査方法、集団を対象とした対話による調査方法を用いた。

あらかじめ設定した質問による調査については、特に第二章に於いて様々な神輿舁き集団を調査する際に、稲荷祭、天道神社の神輿舁き集団の幹部を対象として、祭礼に於ける神輿舁きの運営、それぞれの神輿会集団の実態などを、SNS（主としてフェイスブック）を利用して行った調査が該当する。テーマを絞っての聞き取りによる調査については、第三章に於ける上御霊神社の宮司、第四章に於ける祇園祭の神輿舁き集団「四若」の役員の親族女性への聞き取り等が該当する。時間を一時間程度に設定し、事前にいくつかの質問を用意した上で、まず質疑応答を行い、その後質問から派生した事柄についての対話を行った。自由懇談による調査については、筆者と特に親密な人間関係が存在する神輿舁き集団の会員との、祭礼の休憩時や直会での歓談、もしくは私的な飲食の場での「神輿談義」が中心である。第二章に於ける西院春日神社の神輿舁き集団の元役員、第三章に於ける御霊祭の神輿舁き集団「末廣会」幹部や第四章に於ける四若の幹部からの聞き取り等が該当する。最後に集団を対象とした調査（対話）は、末廣会の青年会に対するもの、四若の役員に対するものが挙げられる。筆者は四若の調査研究を進めるに当たって、筆者と四若の幹部二名と「ほいっと歴史部」という会を立ち上げ、四若の地元出身の神輿舁きたちに対して研究成果を「四若のあゆみ」というテーマで発表し、意見を聴取する機会を持っている。情報収集とともに、研究成果の還元及び本研究の内容について神輿舁きたちがどのように感じるのかを知ることも重要な目的である。第四章で述べるように、四若の地元若竹町はもともと都市下層の一角をなしており、マイナスイメージで語られることがある地域であった。地域の人々にとってマイナスイメージにつながると感じる表現や研究内容を避けることは研究の根幹であり、そのためには意見交換の場が必要と考えた。

（三）文献調査

問題の所在で述べたが、神輿舁き集団についてはもともと史料、記録が少ないが、あっても公開されていない場合が多く、新聞記事は重要な研究材料となる。主として参照した新聞記事は『大阪朝日新聞京都版』、『中外日報』、『京都日出新聞』及びその前身の『日出新聞』、『京都日日新聞』などである。閲覧については朝日新聞データベース、立命館大学図書館、京都府立図書館、京都府立京都学・歴彩館所蔵のマイクロフィルムを利用した。土田宏成（二〇一五）は史料としての新聞記事を、「そもそも新聞に書かれていることは、記者や新聞社の観察や意見であり、それが正確とは限らない」としつつも、「ある人物や組織、出来事が人々にどのように報じられていたのかを知ることは、当時の人々がそれらをどのように認識していたのかを知る手掛かりとなる」とする（土田　二〇一五　二六五）。明治、大正期の新聞を読んで気づくことは、祭礼についての記事の多さである。つまり祭礼は当時の人々にとって大いなる興味関心事であった。例えば第四章で取り上げる神輿舁きたちが引き起こす騒動についての記事は、当時の人々にとって格好のゴシップ記事であったろうし、新聞記者はおそらくかなりの労力を割いて取材したと思われる。つまり、新聞記事は明治、大正期の祭礼の様子を知るだけでなく、当時の人々が祭礼での出来事をどのように感じたのか理解するためには、好適な資料であると言えよう。

近世期の神輿舁き集団の様子を知るために古文書も利用した。『若山要助日記』、『京都御役所向大概覚書』、『京都雑色記録』、『京都町触集成』や『史料京都の歴史』などに収録されている行政文書や村や町の公用記録、日記類とともに、京都歴史資料館、京都府立京都学・歴彩館所蔵の公用記録の写真資料も翻刻の上、利用した。

五　本書の構成

本書の構成は以下の通りである。

第一章「神輿舁きの推移――祇園祭を事例に」では、近世中期から明治初めにかけての祇園会神輿の担い手の変化を概観する中で、神人、駕輿丁といった神社と直接に関係を持った人々による中世的な神輿渡御が、若者組による神輿舁き集団（若中《わかぢゅう・わかちゅう》）を中心とする「近代」的な神輿渡御へと変化するさまを解明する。

第二章「若者組と神輿舁き」では、多くは若中と名乗る京都の神輿舁き集団を祭礼の形態によって調査、分析した上で、類型化を試み、神輿舁き集団が京都の祭礼にどのような影響を与えたのか考察する。

第三章「都市周縁と神輿舁き」では、明治期に京都に於いて都市周縁を形成した都市下層の人々による神輿舁きへの参入の動きを、明治前期に於ける近代化（西洋化）の特徴的な動きと捉え、彼らがどのように神輿舁きへの参入を目指して動き、またどのように神輿舁き集団を結成したのか解明する。

第四章「神輿荒れはなぜ起きたか」では、明治、大正期に祇園祭で発生した神輿荒れを原因、背景から類型化するとともに、神輿荒れを起こした神輿舁きたちの心性に注目し、彼らがなぜ神輿荒れを起こしたのか考察する。

第五章「京都標準の神輿の舁き方」では、現在京都の祭礼で一般的に見られる京都独特の神輿の舁き方を京都標準と名付け、その始まりと展開を考察する。

以上、五つの章の構成によって、神輿舁き集団の成立と展開というテーマの追求とともに、第一章から第四章まではほぼ時代順に神輿舁き集団の歴史を解明していく。第五章は神輿の舁き方という技術、身体に視点を絞って全ての時代を対象とする。第五章は第一章から第四章までの補論ともいえる。

註

（一）「神輿渡御」及び「神輿巡行」は、神輿が進む際に使われる言葉であり、しばし同義的かつ混合的に使われる言葉である。「渡る」とは「一方から他方への移動」を意味し、「巡る」とは「あちこち回り歩く」を意味することを考えれば、神輿が本社から旅所、旅所から本社に移動することを渡御、神輿が氏子たちの地域を巡回することを巡行と、分けて使用するのが適当であろう。例えば松尾祭の還幸祭当日は、午前中は六基の神輿がばらばらにそれぞれの神輿舁き集団の地元地域を巡行し、午後は六基揃って旭ノ杜（西寺跡）、朱雀御旅所を経て、松尾大社へと渡御する。以上のことから本研究では、場合によって渡御と巡行を使い分けている。

（二）大島明によれば、「二〇一六年現在、京都では少なくとも五十五の神輿渡御祭が確認される」〔大島　二〇二一　三九二〕。

（三）本書では、神輿を担ぐことを「神輿を舁《か》く」、神輿を担ぐ行為及び担ぐ人々を「神輿舁き」、担ぐ人々の集団を「神輿舁き集団」と表現する。前近代から近代にかけては神輿を「担ぐ」ではなく、「舁《か》く」という言い方が標準的であった。現在でも京都では「神輿を舁く」という表現は間々見られる。

（四）西山剛（二〇一七）は、駕輿丁及び「雇用輿舁」（雇われ人足）の組織の在り方に迫っているほぼ唯一の研究である。ただし、それらが本書が意図する民俗集団と言えるものを形成しているかどうかについては明らかにされていない。

（五）先行研究では、祭礼に関わる集団に対して、「祭祀組織」（有末賢）、「共同体」（上野千鶴子）、「祭礼組織」（和崎春日）、「祭礼集団」（松平誠）など様々な呼称が見られる。

（六）中里亮平（二〇一九）参照。

（七）都市下層の古典的な研究である中川清（一九八五）、最近の研究である藤野裕子（二〇一五）・（二〇二〇）などにともに見られる傾向である。

（八）那須明男（二〇一六）等。

（九）三隅貴史（二〇二三）参照。

（一〇）神輿舁きが着る法被には、氏子区域の地名や氏子からなる神輿舁き集団の名称やマークが示されている場合がほとんどである。

（一一）同時に二つの会（神輿舁き集団）に所属することは望ましくないと考える神輿舁きは多いと思われる。また二重所属を禁止している神輿舁き集団も珍しくない。筆者は二重所属であることを特に隠してはいなかったが、二つの神輿舁き集団の性格に違いからか、二重所属についてそれぞれの会で特に問題とされることはなかった。

（一二）近年ではＳＮＳ、特にフェイスブックを使った情報交換が活発である。筆者にも百名以上の神輿関係者の「ともだち」が存在する。

（一三）例えば第四章の祇園祭での「神輿荒れ」は、神輿舁きの間で伝説化しているが、現存する有力な神輿舁き集団間の争いであるため、神輿舁きが親密な人間関係で閉じていると認知する場でしか語られない。

第一章

神輿舁きの推移——祇園祭を事例に

祇園祭東御座神輿（南座前） 2023 年 7 月 24 日 筆者撮影

はじめに

祇園祭では七月十七日（祇園会では旧暦六月七日）、前祭山鉾巡行が終わった夕刻から神幸祭の神輿渡御が行われる。すなわち、八坂神社から四条御旅所に中御座、東御座、西御座の三基の神輿が渡御する。神輿は一週間、御旅所にとどまる。七月二十四日（祇園会では旧暦六月十四日）の後祭山鉾巡行が終了した夕刻から還幸祭の神輿渡御が行われ、神輿は四条御旅所から氏子区域を巡行した上で八坂神社に還るのである。平安時代末期には現在と同じく三基の神輿が存在し、三基の神輿による神輿渡御は山鉾巡行よりも相当古くから行われていた。しかし、山鉾の担い手が中世以来一貫して山鉾町であったのに対し、神輿渡御の担い手は度重なる変遷を経て、現在は神輿会を称する「三若」、「四若」、及び「錦」の神輿舁き集団が担っている[一]（表1-1）。

大宮神輿は中世以来、明治初めまでは摂津国今宮村（現大阪市西成区）から来る今宮神人によって舁かれていた。それに対して少将井神輿、八王子神輿は祇園社の氏子区域中の特定の町々の人々が神輿を舁いてきた。轅《ながえ》とは本来、神輿本体に造りつけの黒塗りの舁き棒を指すが、後には神輿渡御の際に神輿に結わえ付けられる檜の角材の舁き棒を轅と呼ぶようになる。轅が取り付けられるようになって、より多くの人数で神輿を舁くことが可能となった。轅町《ながえちょう》とはこの轅を管理する町という意味である[二]。本章が主として取り上げる少将井神輿には、神輿の左右の側面に取り付けられる二本の竪《たて》轅（大《だい》棒、台棒ともいう）と、竪轅の前後に二本ずつ四本の横轅（横棒ともいう）、合計六本の轅が取り付けられた。少将井神輿の轅町は六本の轅に対応して、蛸薬師町（室町通二条下ル）、御池之町（室

表 1-1　祇園祭（祇園会）神輿の概要

神輿の名称	形状	古称	近世以前の奉載神	近世の担い手	現在の奉載神	現在の担い手
中御座	六角・鳳凰	大宮	牛頭天王	今宮神人	素戔嗚尊	三若神輿会
東御座	四角・葱花	八王子	八王子	轅町・四条船頭町若中	櫛稲田姫命	四若神輿会
西御座	八角・鳳凰	少将井	頗梨采女	轅町・三条台若中	八柱の御子神	錦神輿会

町通御池上ル）、御倉町（三条通烏丸西入）、石井筒町（四条通油小路西入）、綾西洞院町（西洞院通仏光寺上ル）、車屋町（姉小路東洞院西入）の六町であった。

しかし近世後半には轅町の人々は神輿を舁くことから離れ、少将井神輿については三条台若中が、八王子神輿については四条船頭町若中が、神輿舁きを請け負う集団として登場し、明治以降は名実ともに神輿渡御の担い手の地位を獲得する。三条台若中は現在の三若神輿会に繋がり、四条船頭町若中は四若という名称の元となった。三若が、神輿渡御を担うに至った経緯については、現三若神輿会会長である近藤浩史氏が『三若文書』をもとに簡潔にまとめておられるが、管見の限り先行研究が他には見当たらない。つまり神輿渡御の主導権が、どのようにして轅町から若中という神輿舁き集団に移ったのかは、現状では十分に明らかになっているとは言い難い。

以上のことを受けて本章ではまず、なぜ轅町の人々が神輿を舁くという行為から離れていくようになったのかについて考察する。次に半職業的、専門的な神輿舁き集団である若中が登場してきた経緯を追う。そして、明治に入り八坂神社と三条台若中が関わりを深め、現在まで続く三若、四若といった神輿舁き集団による神輿渡御の体制が成立したことを明らかにする。

一　駕輿丁役の変化

柳田國男は大正八（一九一九）年に著した『祭礼と世間』に於いて、「神輿を舁くべき者の選定には、二種の慣例がある」とし、そのうち「甲は神人と称する特殊の部曲のみからその役を勤めるもの」「乙は一定の規則に従い、氏子の中から舁き手を出す例である」とした。柳田は甲の典型として「男山の八幡様」とともに「祇園会」を挙げる〔柳田　一九六二（一九一九）四二二〕。柳田の指摘する祇園会の姿は近世以前のものである。

近世の祇園会神輿渡御については、河内将芳、西山剛による先行研究がある。

河内（二〇一二）は、中世から近世末にかけて大宮神輿がどのような人々によって舁かれてきたか明らかにしている。河内によれば、遅くとも一四世紀半ば以降、摂津今宮村の住人である今宮神人が大宮駕輿丁として大宮神輿を舁いている。のちに紹介する『八坂神社日記』及び、「土田作兵衛手記」によれば今宮神人は明治四（一八七一）年まで大宮神輿を舁いていた。

一方、西山（二〇一七）は、少将井神輿と八王子神輿の神輿舁きに注目する。二つの神輿の神輿舁きは、一五世紀頃から少将井駕輿丁役と八王子駕輿丁役として祇園社の氏子区域にある特定の町々の住民が担っていたが、これらの町々のうちいくつかの町々が一七世紀後半には轅町と呼ばれるようになったとする。西山（二〇一七）によれば、轅町として確認できる町は二十三町ある。しかし最終的には轅の数だけ、つまり少将井神輿であれば六町、八王子神輿であれば四町が轅町として確定する。加えてそれらの轅町には、資金面をはじめ様々な形で轅町の神輿渡御運営を助ける寄町《よりちょう》が存在した。本章で取り上げる轅町、蛸薬師町は、西隣の両替町（現金吹町）、北隣の冷泉町という裕福な町から祭礼の協力金とでも言うべき「地ノ口」を受け取っている。

駕輿丁は神人の一種であり、本来、個人及び家が負担する属人的な「役」であったと考えられる。(三) それに対して、轅町という仕組みは町という地域共同体が駕輿丁役を担う属地的な形態を示す。このことから轅町の成立には、「神輿を舁く」という行為の内実に大きな変化があったことが予想される。個人や家に付随する役であれば、誰が神輿を舁くのかについてははっきりしているのに対して、町で担うという形になれば、誰が神輿を舁くのかについては曖昧になる。

「祇園少将井神輿かきの儀ニ付一札」（『荻野家文書』京都市歴史資料館所蔵写真版）は、天和三（一六八三）年の史料であるが、この頃の少将井神輿の神輿渡御の変化を示す。

一、祇園少将井神輿かき之儀、先規ゟ六町中として七日ニ六拾人、十四日ニ八拾人、右之通出シ来候処ニ、去年十四日之祭礼、道ニテ人数過半減申候処遅々仕、其上道ニテ度々投捨申ニ付、還御遅ク罷成候段、御尤ニ奉存候、自今以後随分念之入達者成者共撰出シ、御定之通、人数道ニテ一人も立除不申様ニ、町々ゟ催料付無遅々様ニ可仕候、若壱人ニテモ立除申候歟、神輿なげ捨神事遅々仕候ハヽ、急度　御公儀江可被仰上候、仍為後日一札如件（以下、略）

同史料の内容は、少将井神輿の轅町六町からは、六月七日の神幸の神輿渡御に六十人、十四日の還幸には八十人を神輿舁きに出していたが、途中で抜けるものが続出し、神輿の投げ捨て、遅延などを出来させた。そこで今後は遅滞したり、一人でも抜けたりしたら、「公儀」に訴えていただいても構わない、という雑色荻野家宛の証文である。(四)

少将井神輿すなわち現西御座神輿は八角形という形状から、三基の神輿の中でひときわ重いとされる。西御座錦神輿会会長宇津克美氏らによると、現在は「七百人」の神輿舁きによって渡御している。[五] 暑さの盛りの京都で、非常に重い神輿を無事渡御させるためには、道中、何度も交代することが必要であり、現在では非常に多くの神輿舁きが同神輿に寄っているのである。近世の人々と現在の神輿舁きとの肩腰の強さの違いなどはあるとは思われるが、八十人で還幸の長い道のり（近世は、旅所→四条東洞院→二条東洞院→二条城→大宮三条→寺町三条→寺町四条→祇園社）を遅滞なく舁き切るということは、かなり困難なことであったと予想される。もしそれがかなわない場合は、公儀（町奉行所）による重い処罰を覚悟しなければならないという事態は、轅町の人々にとって深刻な危機であった。川嶋将生は「いかに信仰のため」であっても、町の人々が神輿を舁くことは、「町々にとっては過重な負担となっていたのであろう」とし、その後、負担を減ずるために金銭で雇った「傭人」に神輿を舁かせるようになったと推察している（川嶋　二〇一〇　六五）。[六]

二　轅町の変化

なぜ町々にとって駕輿丁役は過重な負担となったのであろうか。これについては、川嶋将生は言及していない。しかしもともとその人数が決められていたということは、当初は明白な支障がなかったということであろう。「過重な負担」となった原因は何に求められるのであろうか。轅町を含む下京の町々の住民構成の変化が大きくかかわっていると考えるのが妥当であろう。

吉田伸之は、少将井神輿の轅町蛸薬師町の北隣であり、祇園会の際には蛸薬師町の寄町でもあった冷泉町（室町通二条上ル）の『冷泉町文書』を分析することにより、同町が近世初期には小商人や商・手工業未分離の「職人＝町人」からなる町、つまり同じような小規模経営の商工業を営む町人たちが居住するフラットな住民構成の町であったのが、一七世紀後半からは有力な金融業者、問屋商人によって町が覆われていく様相を明らかにした。吉田によればこのような動向の到達点が、三井（越後屋呉服店）の登場である。三井は元禄十五（一七〇二）年に冷泉町の町屋敷二軒を買得し、元禄十七年にはさらに三軒分を付け加え、京本店を同町に移動させた。三井は蛸薬師町でも江戸店等への呉服の仕入れ店である京本店を営んでいたという（吉田　一九九三　二四五～二八五）。三井家は延宝元（一六七三）年に蛸薬師町に呉服店を出店した。蛸薬師町の新興有力商人の中心にいたのが、冷泉町で三井に次ぐ呉服商であった誉田屋庄兵衛家から分かれた誉田屋仁兵衛家である。吉田が指摘した有力な金融業者、問屋商人といった住民の登場は、蛸薬師町でも同様であったと考えるのが妥当であろう。同町の『町之法式』（享保八（一七二三）年十月）の「一、家売買之事」の項目に、「勿論絹布商売之外ハ古来より売買無之候」とあり、富裕な呉服商たちの同業者町であることを示している。興味深いことに享保十三年八月の『町法式』の「一、家売買之事」には、享保八年の『町之法式』同項目に見られなかった、「町内祇園長柄為実進を一軒役ニ金子百疋、二軒役に弐百疋、三軒役ニ三百疋、四軒役金子壱両被贈候定也」という内容が追加されており、轅町に於ける神輿渡御運営の体制が変化している様子がわかる。(七)

杉森哲也は吉田伸之の論考を受けて冷泉町の宗門人別改帳を精査し、「近世中・後期の冷泉町の構造上特筆すべき特徴は、家持数とりわけ居付家持数が激減しほぼ十名前後で推移しているという点である。」とし、このような変化は一七世紀後半から一八世紀初頭にかけての時期に起こったことを明らかにした上で、「吉田伸之は、この時期に冷泉町に於いて、近世初期の「職人＝町人」から両替屋などの新興の有力商人である「新しい町人」へという町人の質的な入れ替わりがあったことを明らかにしている。（略）そしてこの事態は、当然のことながら従来の町中及び町運営の変質をもたらした。すなわち近世初期の「職人＝町人」たちの町中の論理を、「新しい町人」たちが捉え直したいわば「新しい町中」が形成され、そのもとで新たな町運営が行われたと考えられるのである。」とする〔杉森　二〇〇八　二四七～二七五〕。

「天保十二年九月宗門人別改帳」（『蛸薬師町文書』京都市歴史資料館所蔵写真版）によれば、天保十二（一八四一）年当時の蛸薬師町の家持（町内在住）数は十二世帯であるのに対し、借家は三十世帯である。この構成は杉森が読み解いた寛延二（一七四九）年九月の冷泉町「宗門人別帳」に現れた「家持（居付）十一世帯、借家が三十世帯、合計四十一世帯」という実態と重なる〔杉森　二〇〇八　二七〇〕。つまり蛸薬師町でも冷泉町に見られた「家持数とりわけ居付家持数が激減」し、新興有力商人である「新しい町人」による「新しい町中」の形成が進んだことが、この結果からも推測される。少将井神輿轅町であった車屋町、御池之町、御倉町等でも元禄期には両替商、長崎糸割符商人などの存在が確認され〔林屋・村井・森谷編　一九七九　七五五～七五六、七五九～七六〇及び七八八〕、同様の「新しい町中」が形成された可能性を指摘したい。

轅町の人々が自ら神輿を舁くことを止め、神輿舁きのために人足を雇うようになった変化は、杉森の指摘する「新しい町人」による「新しい町中」の形成と軌を一にしていると思われる。つまり、それまで駕輿丁役を担ってきた「職人＝町人」が町から流失し、町中に於いて誰が神輿を舁くのかが大きな問題となったと考えられる。「職人＝町人」たちが持っていたはずの、家代々にわたって神輿を舁いてきたことによる義務感、誇りといった意識は、「新しい町人」には希薄であったろう。また、「職人＝町人」が持っていたと思われる神輿を舁くための身体や技術的な伝承についても、「新しい町人」たちは当然持ち合わせていなかったはずである。すなわち、「職人＝町人」が行っていた神輿舁きの実践は、「新しい町中」を形成した「新しい町人」たちにとっては、川嶋將生が言うところの「過重な負担」でしかなかった。以上のことが駕輿丁役の内実を、町の住人自ら神輿を舁くという形態から、町が（神輿舁きを雇い）神輿を渡御させるという形態に転換させたと考える。

三　願昇の登場

元禄十六（一七〇三）年の「祇園少将井神輿かきの儀ニ付一札」（『荻野家文書』京都市歴史資料館所蔵写真版）では、轅町が神輿舁きのために人足を雇っていること、雇われることなく自由に神輿に寄って来て神輿を舁く「願揆《がんかき》」（願昇）が現れたことを示している。「祇園少将井神輿かきの儀ニ付一札」によれば、当時の神輿渡御は以下のようであった。

一、祇園少将井神輿揆之儀、従先年六町中として七日ニ六拾人、十四日ニ八拾人轅之人足出之御神事相勤申候、右人数之外願揆之もの古来より御停止ニ被仰付、毎年右之趣被仰渡承知仕候、然者当御神事之節、三条通曇華院宮様御屋鋪前ニ而神輿振当、其上御見物所之格子ニ掛リ、垂簾を引さき庇を破り候ニ付、私共被為召出右あふれ者御吟味被為成候、餘多之人数故本人相知れ不申候へ共、畢竟町々之者仕形不念ニ付、年寄共十日宛閉門被為仰付奉畏候

『京都町触集成』所収の史料によれば、祇園会では宝永元（一七〇四）年から天保五（一八三四）年の間に二十一

回の願昇禁止令が出されている[八]。他にも、今宮祭には四回、下御霊の祭礼には七回、上御霊の祭礼には一回、御霊祭[九]には二回の願昇禁止令が出されていることからわかるように、洛中の大規模祭礼に於いては願昇の出現は共通の現象であった。宝永元（一七〇四）年には以下のような願昇禁止令が出されているが、願昇禁止令の文面はいずれもほぼ同じである。

一、祇園会御輿かき之儀、従前々駕輿丁役出シ来候町々之外、くわんかき（願昇）之もの出候処、近年猥ニ罷出候よし不届ニ思召候、弥前々之通くわんかきとして罷出候義仕間敷之旨、相触候様ニ被仰付候、以上　申五月　町代　誰」（京都町触研究会　一九八三　一二二）。

川嶋将生は、「昇ぎ手の不足をなんとか「傭人」「願昇ぎ」によって乗り切ろうとする町の苦悩をみることができる。またこの動向は、言葉をかえてみれば、そうした不足を財力によって克服しようとする、町の新しい動きととらえることもできよう」と解釈する（川嶋　二〇一〇　六六）。しかし「一札」で六町は、傭人（輳之人足）については「無相違出之、御神事相勤可申候」と述べているのに対して、願昇については、「壱人茂交リ不申候様ニ吟味可仕候」と述べている。六町にとって願昇は、明らかに神輿渡御の邪魔者であった。願昇とは勝手に、もしくは自発的に神輿を昇きにやってくる者たちという意味であろう。病気平癒・心願成就などいろいろな願いがあって神輿を昇く願昇や、物見遊山気分で神輿を昇く願昇などがいたと思われる。しかし、請負人が取りまとめる傭人と違い願昇は制御が利かず、上記史料にある「神輿振当」、「御見物所之格子ニ掛り候翠簾を引さき、庇を破り」といったトラブルの原因となり、幾度も禁止令が出されている。一八世紀中頃には願昇が当たり前の存在になっており、禁止しても効果なく毎年の祭りに現れ、神輿渡御に大きな困難をもたらした。このことが神輿舁きの体制の変化につながったのである。以下、史料、先行研究をもとにその変化を追っていこう。

少将井神輿轅町であった石井筒町の『祇園会定』（個人蔵）という享保十（一七二五）年の同町の祇園会の運営を記述した史料によれば、六月十八日の項目に「御輿舁賃頭領弐人取ニ参ル」とある。[一〇] この頃から「頭領（棟梁）」というリーダーの統率のもとに神輿舁きが行われていたことを示している。

西山剛は、宝暦四（一七五四）年の祇園会に於いて、京都町奉行所目付方の供の者に八王子神輿の轅が当たり、怪我を負わせた一件にかんする「町代日記」（『古久保家文書』）[一一] の記述を読み解き、「御輿舁請負人」、「頭立たる者」の存在を指摘した上で、「一八世紀半ばには雇用輿舁の内部で組織が営まれ、かつその監督権を轅町が持つ体制が生まれていたのだ」と指摘する（西山　二〇一七　四〇）。轅町が「請負人」に神輿舁きのための人足の手配を頼み、「請負人」は「頭立たる者」に声をかけ、「頭立たる者」は人足を集める、という体制が成立していたものと考えられる。[一二] リーダーと舁き手たちによる統制のとれた神輿渡御の体制は、現在の京都の祭礼では一般的であるが、このような体制は烏合の衆である願舁によって神輿の動きが制御不能となることを、何とか防止したいという轅町側の切実な要望から生まれたのである。

筆者の参与観察によれば、神輿の動きを統御することは意外に少ない人数で可能である。現在の祇園祭の神輿渡御でも神輿を止めたり、方向を変えるのは、前の指揮者による指示、後ろの音頭取りによる指示の徹底、轅の先端「はな（端）」に取り付けられた金具（「鐶《かん》」）を持つ「鐶持ち」四名による操作、神輿本体に付けられた「黒棒」を舁く神輿舁き（十数名）及び神輿本体の真下に当たる位置（「ねこした」）にいる神輿舁き（三、四名）の停まる、進む、の動きによってなされている。[一三] このことから「頭立たる者」に統制された「御輿舁七拾五人」という体制があれば、願昇による想定外のトラブルを防ぐことはある程度可能であったろう。このような神輿舁きの体制が具体的にはいつ、どのように生み出されたのかという問題については、管見の限りに於いて適切な史料が存在せず、今後の課題としたい。また「町代日記」には神輿舁き集団を象徴する表現、すなわち「若中」や「三条台」、「四条船頭町」などの地名は見当たらず、八王子神輿の「御輿舁七拾五人」が、臨時に集められ編成されたものなのか、若中のような神輿舁き集団であるのかは不明である。この時点から約半世紀後に若中は神輿舁き集団として史料に登場してくる。轅町にとっては、渡御を任せることができる「頭領（棟梁）」と統制の取れた神輿舁き集団があることが望ましい。このような状況が若中の参入につながったと考えられる。

四　三条台若中

三条台に於ける集落形成は一八世紀後半から末に進んだ（京都市　一九八五a　四七九）。

岡井毅芳（一九七二）によれば三条台とは、「享和三年（一八〇三）の村内の家数は二十一軒で人口は七十人（男四十人、女三十人）である。寛政期（一八世紀末）頃まで村人の居住は町屋《（ママ）》にあり、三条台村は無居村であったが、以降次第に村内に移住し」てできた村であり、祇園社の氏子区域の西端にあたる（岡井　一九七二）。また、近藤浩史氏によれば、「三条台村」は「町方農民の特色である屋号を用いた（山形屋・丹波屋・木屋・生姜屋等）家々で構成されて」おり、「村内に祇園社領があったこと、また神泉苑・御供社があったことなどからこの地は祇園社に縁深い土地であって、住民の祇園社への信仰は強いものであったと推測できる」村であるという（近藤　二〇一九一一八）。

祇園社の氏子区域は裕福な商工業者の店舗や住居が建ち並ぶ下京の町々を中心とするが、神輿舁き集団の若中が成立した三条台は農村であり、四条船頭町は高瀬川の船頭が集住する町であった。重いものを「舁く」という動作を日常の中で繰り返す農業や水運業の人々の身体は神輿舁きに適していた。また農業や水運では共同作業が必要とされるところから、緊密な共同作業が必要とされる神輿舁き集団が成立しやすい土壌を持つ地域であったとも言えよう。

轅町と三条台、四条船頭町といった地名を冠した神輿舁き集団が登場する史料として『祇園社年中行事』がある。(一四)解題によると同史料は祇園社社人江戸為之が、文化十一（一八一四）年三月に筆写・校了したものであり、一九世紀初頭の祇園社年中行事の様子が記録されている。祇園会十四日の条に「御轅町之事」という項目があり、それぞれの神輿の轅町と神輿舁き集団が記述されている。「牛頭天王（大宮神輿）」については、「駕輿丁摂州西成郡今村（宮カ）村村所司他御下知状社代取次」と神輿舁き集団（今宮村）のみの記述だが、「八王子」（神輿）は「駕輿丁頭取高瀬川四条」と神輿舁き集団である「高瀬川四条」（四条船頭町若中）を記述したあとに、「立轅　仏光寺室町東へ入釘隠町」、「竪轅　烏丸綾小路下二帖半敷丁」、「横轅　室町綾小路下ル松本丁」、「横轅　室町仏光寺下ル山王丁」に加えて、「此外奇（寄カ）轅町八ヶ町有之合テ十二町也」とある。「少将井殿」（少将井神輿）については、「駕輿丁三条台神泉苑ノ辺也」とし、「横轅　室町二条下薬師町、室町押小路下御池丁、姉小路東洞院西へ入車屋丁、油小路四条下ル石井筒丁、凡四本也」、「竪轅　三条烏丸西へ入三倉丁、西洞院綾小路綾西丁凡二本」とある。そして、今宮村の神輿舁きについて、「駕輿丁人数百六十人、上京ノ時、四条油小路、夷子社前ナル井水ヲ汲、垢離シ、至祇園。此時、自四条油小路、神役ノ輩へ、地ノ口米二斗送ル。又、今宮ヨリ、福徳ノ守札送ルト」と説明されている。

今宮村の神輿舁き集団については、中世以来の「神役ノ輩」、大宮駕輿丁であるのに対して、三条台や四条船頭町は新興の神輿舁き集団である。これらを祇園社の社人である江戸為之が「駕輿丁」と筆写している点に注目したい。もともとは少将井駕輿丁や八王子駕輿丁を出していた轅町の人々が実際には神輿を舁かず、轅町に代わって新たな神輿舁き集団が神輿を舁いているという現状について、祇園社側も認識、容認していたと思われる。つまり、一九世紀の初めには、祇園会神輿渡御に於いて三条台や四条船頭町からやって来る神輿舁き集団は、すでに神輿渡御に於いて一定の立場を確立していたのである。

三条台はいつ頃から神輿舁きにかかわってきたのだろうか。「西三条台庄屋茂兵衛等人足赦免願状」（『西村善雄家文書』京都市歴史資料館所蔵写真版）という史料がある。

乍憚口上書

一、御當山御境内夷御宮御神事御祭礼之節、御輿御渡リニ付、中古人足之儀三条臺へ被仰付、奉畏當村百姓共并外若キもの共相頼、去未年迠無滞御輿御渡リ相勤来リ候、然ル処當時ニ而ハ、百姓若者共も甚少相成、人足等も不足致候儀、私共ゟ達而御断申上呉候様申之候、勿論此後自然諠譁口論等出来候而ハ、中分ケ無御座、迷惑仕候間、何卒今暫御用捨被下、先外村方へ被為仰付被下度奉存候、猶又重而之儀ハ如何様共可仕候間、此度之當年之儀何レ御断申上候間、右ノ段、御聞届被下候ハヽ、難有奉存候、以上　月日

西三条臺　庄屋茂兵衛

庄屋覚次郎

九郎右衛門

年寄六兵衛代藤兵衛
百姓惣代長兵衛

夷御宮　御役人中様

同村の領主の一つである建仁寺に対し、建仁寺境内の夷宮（現京都ゑびす神社）の祭礼の「御輿御渡り」の「人足」について、「去未年迠」三条台村の百姓共並びに他の村の「若キもの」を頼んだ上で無事に神輿の渡御に勤めてきたが、現在は当村の百姓、若者が「甚少相成」、お断りしたいという内容である。この文書には年代が書かれていないが、「西三条台庄屋茂兵衛等人足赦免願状」に名がある庄屋茂兵衛、年寄六兵衛代藤兵衛、百姓惣代長兵衛は、『史料京都の歴史』九に所収の「西村善雄家文書」の諸文書の中で、寛政十（一七九八）年の二通、享和三（一八〇三）年の一通に登場する。「去未」が寛政十一（一七九九）年己未であるとすれば、この文書は寛政十二（一八〇〇）年に書かれたこととなる。

この文書からは三条台村が夷宮祭礼の神輿渡御の際に神輿舁きの人足を頼まれる村であること、他の村からも人足を集めていたことがわかる。同村は祇園社氏子区域であるとともに祇園社領もあった。このことから筆者はこの時期にはすでに祇園会神輿渡御に於いて少将井神輿渡御にかかわっていたと考察した〔中西　二〇一八　四～七〕。

一方、四条船頭町は木屋町四条下ルの高瀬川沿いの町である。藤田彰典によれば、四条川原西組の上組（八町）に属していて、宝暦四（一七五四）年の「家数人別改帳」によると家数四十一、「本家」八、「借家」三十三、人数百二十六人である〔藤田　一九七九　二三九〕。明治から大正期に碓井小三郎によってまとめられた『京都坊目誌』によれば、「慶長中高瀬梁開漕の日、備前国より舟子を募り、始て備前島町に置き、後ち当町に移す、依て町名となれり」という〔新修京都叢書刊行会編　一九七〇　三五四〕。なお、四条船頭町がなぜ八王子神輿の渡御を請け負うようになったかについては、管見の限りに於いては史料が残っておらず不明である。

近世後半の京都に於いては、近郊の村々の若中が様々な祭りで神輿舁きを担うというかたちが確立していたと考えられる。若中とは若者組、若者仲間の呼称の一つである。八木透によれば、若者組とは「（「子ども組」、「長老衆」といった老年組織を含む）年齢集団の中で、最も普遍的かつ重要な社会的役割を有」する「村落社会の公的な下部組織」であり、「近世期には一般に若連中あるいは若者組とよばれ」た組織である〔八木　二〇一三　二三六〕。大石泰夫は若者組と祭礼との関係について「若い衆、若連中、若者契約などと様々な呼称で呼ばれる若者組」は、「江戸時代後期から存在し、氏神の祭礼の運営や芸能の伝承などを担っていた」とする〔大石　二〇一三　五八四〕。若中は地域共同体の若者集団であり、地縁に裏付けられた仲間意識、強い凝集性とともに、年齢階梯による集団的意思決定のシステム、上意下達の指揮系統を持っている。体制を整えて神輿を舁くことを要求される神輿舁き集団として適していた。

三条台の神輿舁き集団も「三条台若中」を名乗る。後に紹介する『祇園会神輿御供式法』の文化十二（一八一五）年四月十八日の記事には、三条台の「棟梁」が引退して「老分」となるとあり、三条台の神輿舁き集団が年齢階梯制に基づく集団、若中であったことがわかる。

ただし三条台は、「享和三年（一八〇三）の村内の家数は二十一軒で人口は七十人（男四十人、女三十人）」であり、同村の若中だけで神輿を舁くことは不可能である。多仁照廣によれば、稲荷祭をはじめ近世後期の京都の祭礼の神輿渡御に於いては、神輿を出す村、町《ちょう》の若中は神輿渡御の指揮、運営に徹し、神輿舁きについては複数の他の地域の若中の助力を頼むことが行われるようになったという〔多仁　二〇〇〇　一八四〕。ただし、他の若中からの助力は何かとトラブルの原因ともなった。多仁によれば、他の若中に助力を頼む祭礼では神輿の舁き方等を巡って若中間での喧嘩が頻繁に起こった〔多仁　二〇〇〇　一七八〜一八五〕。近藤浩史氏によれば、三条台若中は多くの願舁から貸し賃をとって半纏を貸し、神輿舁きに参加させていたという〔近藤　二〇一九　一一八〜一一九〕。制御不能な存在であった願舁を指揮下に入れることにより、これまで轅町を悩ましてきた様々な想定外の事故を防ぐことが可能になったであろう。願舁たちはある状況下ではトラブルに結び付くような集団的な動きを示すことがあるかも知れないが、本来彼らは烏合の衆である。指揮系統、指示がはっきりしておれば、それに従って規律的に動くことになろう。ゆえに願舁を集めて神輿を舁かせるというやり方は、他の村の若中からの助力をうけるというやり方と比べて、神輿渡御に於ける三条台若中の指揮系統や主導権を確かなものとする上で有効であったろう。加えて人足を雇うことによる費用は発生せず、逆に「半纏の賃貸料は三条台若中の神輿渡御における財政の基盤」となった〔近藤　二〇一九　一一九〕。願舁の側からしても、願舁である限り祭礼の邪魔者とされ、取り締まりの対象であったのに対し、借り賃を払って半纏を着用することによって、心置きなく神輿舁きを堪能できたであろう。三条台若中は願舁という実態不明な邪魔者をむしろ有効活用した上で、自らは神輿渡御を指揮する役割を担うという形を作り上げた。非常に戦略的に神輿渡御に関わった様子がうかがえ、興味深い。

　願舁を集め神輿渡御を行うというかたちは、その後の三条台若中の神輿渡御の運営方法の基本となったと思われる。現在、「三若神輿《しんよ》会（三条台若中）」は中御座神輿の渡御を担っているが、神輿渡御を仕切る「三若神輿会（三条台若中）」の指揮下に、「次朗会」、「祇藤会」、「奉三会」など十余りの神輿会からなる「三若みこし連合会」という連合体があり、連合会のいずれかの神輿会に属する神輿舁きが、「三若神輿会（三条台若中）」から三若の法被を着ることの許可を得て中御座神輿を舁くというシステムになっている。三若みこし連合会の各会は、他の祭りの神輿会（若中）ではなく、祇園祭で中御座神輿を舁くためだけに結成されている。彼らは中御座神輿をボランタリーに舁く人々であり、現代の願舁といっても良い。(一五) 三条台若中は願舁の意味を「勝手気ままな烏合の衆」から「ボランタリーな協力者」へ転換したのである。

五　轅町と若中

少将井神輿の轅町であった蛸薬師町には『祇園会神輿御供式法』という記録が残されている。(一六) 同史料は、文化九（一八一二）年から、天保六（一八三五）年〜十二年の欠落を挟んで、天保十五（一八四四）年までの蛸薬師町の轅町としての役割、出納の記録である。少将井神輿の轅町六町からなる「御轅上組」(一七) は毎年当番町を順番に回して神輿渡御を担ってきた。文政十二（一八二九）年は蛸薬師町が当番町であり、取り組みの内容についての記述が他の年よりも詳しい。(一八)

文政十二年丑

一、六月朔日、例年之通り神事休足所小八(一九)を以頼遣ス事

一、地之口帳並入用帳行事江相渡シ、例年之通り御取計可被成候様申渡し候

一、同五日、例年之通り会所ニおいて切火入相勤申候事

丑　御池之町　　蛸薬師町
ノ　御倉町　御神輿　車屋町
年　石井筒町　　綾西洞院町

七日　西側　　播磨屋源兵衛
行事
十四日　東側　　播磨屋駒蔵

一、同七日、祭礼無滞奉供奉、浮橋通行之節、名札例年之通り小八より渡す
一、同十四日、祭礼無滞還幸
但十三日暮六ツ過時、祇園社ゟ書付出来ニ付他町へ廻ス

口演
一、加茂川筋出水ニ付浮橋懸り不申、依之先例之通り明十四日御神輿之儀、四条通り河原町迄ハ例年之通り右、四条左へ河原町右江三条通り大和大路左へ祇園町右へ、神幸道還幸之御事ニいたし度候間、此段為御心得申上候、尤刻限正九ツ時ニ御旅所へ致参向候間、兼而三条台頭取へ茂御達シ置可被成候　以上
六月十三日
御轅上組

表 1-2 『祇園会神輿御供式法』からみた蛸薬師町、三条台関連年表

文化九（1812）年	五月廿日　棟梁、扇子二本持参で挨拶に来る。
	六月十六日以降「棟梁地ノ口請取ニ参ル、五斗之内弐斗ハ荻野之町ゟ直ニ受取、冷泉町ゟ壱斗代銀五匁、此町ゟ弐斗代相渡ス」。
文化十（1813）年	五月廿日　棟梁、扇子二本持参で挨拶に来る。
	棟梁、地ノ口を受け取りに来る
文化十一（1814）年	五月廿日　棟梁、扇子二本持参で挨拶に来る。
	棟梁、地ノ口を受け取りに来る。
文化十二（1815）年	四月十八日　棟梁交代。「先棟梁」は老分に。請負「北野屋九兵衛」「山形屋小兵衛」。老分の羽織着用を当番町へ願い出る。
	五月廿日　棟梁、扇子二本持参で挨拶に来る。
	棟梁、地ノ口を受け取りに来る。
文化十三（1816）年	五月廿日　棟梁、扇子二本持参で挨拶に来る。
	棟梁、地ノ口を受け取りに来る。
文化十四（1817）年	五月廿日　棟梁、扇子二本持参で挨拶に来る。
	六月十六日　棟梁、地ノ口を受け取りに来る。
文政元（1818）年	五月廿日　棟梁、扇子二本持参で挨拶に来る。
	六月十六日　棟梁、地ノ口を受け取りに来る。
文政二（1819）年	四月十八日　棟梁交代。新棟梁「今新在家西町　近江屋庄兵衛」「同町　生姜屋久兵衛」、退役旧棟梁「今新在家西町　升屋三衛門」「同町　角屋松右衛門」、請負「今新在家東町　山形屋小兵衛」「同東町　小野屋久兵衛」。
	棟梁四人の「キビラ（生平）」（神輿装束）の新調。古い生平は退役、老分が預かる。※棟梁の衣装は轅町の持ち物で、轅町が新調し、当番町の蔵に保管。
	六月十六日　棟梁、地ノ口を受け取りに来る。
文政三（1820）年	五月廿日　棟梁、扇子二本持参で挨拶に来る。
	六月十六日　棟梁、地ノ口を受け取りに来る。
	六月二十八日　銀三十五匁　半てん二十人前代。轅町と折半。
	三匁弐分　棟梁四人飯料　　※蛸薬師町の支払い。費用の表現については以下同様。
文政四（1821）年	五月廿日　棟梁、扇子二本持参で挨拶に来る。
	六月十六日　棟梁久兵衛、素麺十五把持参で挨拶に来る。
文政五（1822）年	五月廿日　棟梁「生姜屋久兵衛」「近江屋庄兵衛」、扇子二本持参で挨拶。
	六月十六日　棟梁、地ノ口を受け取りに来る。
文政六（1823）年	銀三匁二分　棟梁四人飯料
	銀廿四匁五分　「神泉苑町ニ而棟梁替之節入用」。
	金壱両　棟梁増金

文政七（1824）年	五月廿日　御幬棟梁藤右衛門、弥七両人、扇子箱持参で挨拶に来る。
文政八（1825）年	五月廿日　棟梁藤右衛門、弥七両人、扇子箱持参で挨拶に来る。
文政九（1826）年	（関連する内容なし）
文政十（1827）年	（関連する内容なし）
文政十一（1828）年	（関連する内容なし）
文政十二（1829）年	六月十八日　棟梁地之口相場書持参。「右当町よりの書付致、二三十枚計致遣ス」。
	六月廿日　諸算用棟梁へ渡す。
	銀三匁弐分　同棟梁四人飯料
	金壱両、代六十四匁三分　例年之通り、棟梁増金
文政十三（1830）年	（関連する内容なし）
天保二（1831）年	銀三匁弐分　棟梁四人飯料
	金壱両　棟梁増金
天保三（1832）年	（関連する内容なし）
天保四（1833）年	銀三匁弐分　棟梁四人飯料
	金壱両　棟梁増金
	銀八十二匁　生平四反　紋付　仕立共
	銀三匁　棟梁替ニ付　印料
天保五（1834）年	銀三匁弐分　棟梁四人飯料
	金壱両　棟梁増金
	四十目　老分帷子弐勺　正年幬紋付仕立代
天保十三（1842）年	銀十三匁　三条臺棟梁へ。
天保十四（1843）年	四月廿三日　六町の寄合に、例の通り棟梁呼び寄せる。
	三匁弐分　棟梁飯料四人分
	金壱両　棟梁増金
天保十五（1844）年	四月十八日　六町の寄合に、棟梁両人挨拶。棟梁替えにより「生姜や岩右衛門」他壱人が新たに棟梁となることを報告。
	六月十七日　三条臺棟梁、地ノ口米請取に来る。
	三匁弐分　棟梁飯料四人分
	金壱両　棟梁増金
	弐拾匁七分　棟梁付替諸入用　　三匁　同印料

※天保六年～十二年欠落

御当町

一、十五日、神事無滞相済、目出度町中相互ニ退勤
一、十七日、神事休足所例年之通り挨拶行事ニ為持遣ス事
一、行事より地之口勘定帳持参
六月十八日、棟梁地之口相場書持参、右当町よりの書付致、二三十枚計致遣ス
六月廿日、諸算用棟梁江渡ス

組町取集之事
一、銀八拾五匁　当日飯料十七人分
一、銀三匁弐分　同棟梁四人飯料
一、銀十五匁　酒代
一、銀四匁三分　茶料
一、金壱両、代六十四匁三分　例年之通り、棟梁増金
一、金壱分弐朱、代廿四匁壱分一厘　悲田院両日雇候賃
一、銀五匁五分　蝋燭代
一、銀二百六拾目　神輿かきぢばん廿人分
一、金弐分、代三十弐匁壱分　山本へ進物、是ハ外物也、次年必集ル

〆銀四百九拾三匁五分六厘
但シ壱町分銀八拾弐匁弐分六厘、相集候

右之如ク御座候、以上　当町
丑六月　蛸薬師町

此度棟梁預候事
神輿かきぢはん乱年久敷相成候ニ付、他之者紛敷ぢはんニ而神輿ヲかき候故、兎角喧嘩出来、甚棟梁共難儀ニ相成候間、此度右ぢはん之乱ヲ改メ内紀取極メ候得者、私共之改違行届申、自喧嘩茂無之候間、新調之ぢはん廿人分相預候ニ付、御会集之節及御沙汰ニ候所、御一統御存知ニ付、棟梁共へぢはん廿人分貸遣ス事

轅町は、他の轅町、神輿の休憩所、四条浮橋、雑色、三条台、悲田院、山本（不明）など様々な相手と交渉を行い、[20]神輿渡御に必要な費用を負担していたことがわかる。また祇園社とのやり取りは、六月十三日の渡御の道筋変更に関する書状のみである。祇園社が少将井神輿の渡御について轅町に任せている点に注目したい。近藤浩史氏はこのような状態を、「轅町が神輿の管理・維持及び神社・幕府に対する責任を負い、三条台若中は神輿渡御の運行と輿丁の手配・管理の責任を負っていた」と端的に表現している〔近藤　二〇一九　一一九〕。すなわち、若中は轅町から委託費用を受け取り、神輿渡御の現場指揮を請け負っている形となっていた。なお、「他之者紛敷ぢはんニ而神輿ヲかき候故、兎角喧嘩出来、甚棟梁共難儀ニ相成」という記述は、三条台若中の指揮下に入らず、喧嘩沙汰

を起こす願昇がいたことを示している。喧嘩が大きなトラブルに繋がれば轅町が責めを負うことから、轅町自ら金を出して「ぢはん」を新調したのであろう。天保六（一八三五）年から七年にかけての祇園会を描いた横山華山の「祇園祭礼図巻」には、旅所付近に三若の紋である鱗紋がデザインされた半纏を着た神輿舁きが見られる。現在の祇園祭では神輿舁きは三若、四若、錦それぞれ揃いの法被を着ており、どの神輿を舁くのかは一目瞭然である。「紛敷ぢはん」をなくすという動きによって、現在の法被につながるような神輿舁きの装束のユニフォーム化が進んだものと考えられる。

六　維新前後の変化

現在の祇園祭は神輿の維持、管理については八坂神社が行い、渡御の運営一切は神輿会が請け負う形となっている。以下、そのように変化した経緯を追いたい。

幕末から明治にかけての社会の激動や変革は祇園社や祇園会にも大きな変革をもたらした。高原美忠（一九六二）及び鈴木日出年（一九六八）によって、年代、日付順に主な変化を追ってみる。

■慶応四（一八六八）年
三月二十八日神仏判然令〔高原　一九六二　二七九〕

「太政官達によって牛頭天王といふような仏語を以て神号に称へることを禁じ、閏四月には社僧は還俗を命じ、仏像仏具をとり除くことを命ぜられ、八坂神社でも本地堂、鐘楼等を取除いた。又神職は家内に至るまで神葬祭に改めることを命ぜられ」〔高原　一九六二　二七九〕、祇園社（祇園感神院）は八坂神社と改称した。

■明治二（一八六九）年
五月二日「神祇官ニ神輿改願」〔鈴木　一九六八　七四〕
五月十五日「神輿改願許可、神輿在来ノマ、手軽ニ造替ノ儀、駕輿丁ハ白張着用ノ事」〔鈴木　一九六八　七四〜七五〕
五月十八日「神輿洗ノ儀社内限リ執行、尚六月七日十四日昨年通祭典ノ事」
五月二十八日「臨時祭札ヲ南大門西大門前ニ建ツ」
六月五日「神輿造替ニ付鳳輦ニマギラハシク当年ハ従来ノモノヲ用フル事」
六月七日「神幸祭」
六月十四日「還幸祭」〔以上、鈴木　一九六八　七五〕
六月十五日　祇園臨時祭〔高原　一九六二　二七六〕

寺内直子によれば祇園臨時祭とは、「平安時代初期から、京都四条・東山の祇園社（八坂神社）に於いて行われた祭礼のことで朝廷から勅使が派遣され、天皇の安寧と国家の平和を祈念する格式の高い祭りである。六月一四日の祇園会の翌日十五日に行われた。同様の臨時祭が、京都近辺の賀茂神社、石清水八幡宮、北野天満宮などでも行われていた。祇園臨時祭は応仁の乱で途絶え、幕末の慶応元（一八六五）年六月、約四百年ぶりに復興された」〔寺内　二〇一二　一五〕。明治五（一八七二）年まで「勅祭」（明治三年）、「八坂祭」（明治四、五年）と名称を変えつつ、六月十四日還幸祭の翌日に執行された。神輿の還幸の翌日に臨時祭を組み込むという古来の形を復古することによって、「八坂神社」の存在感を高めようとした意図が読み取れる。高原美忠によると明治二年までは「走馬」「御神楽」がある盛大なものであったが、明治三年以降は「たゞ幣物を奉り東遊を奉納するのみになった」〔高原　一九七二　一五〇〕。改暦があった明治六（一八七三）年以降は新暦六月十五日となり、現在も「例祭」として執行されている。

神輿を「手軽ニ造替」、「駕輿丁ハ白張着用」という表現に注目したい。つまり、重厚で渡御に独特の技術が必要な神輿を軽量化した上で、宮中等で雑用を担った仕丁姿（白帳）の者たちに舁かすという形を神社は目指した。神輿渡御を神社のコントロール下に置くことを目指した動きであると考えられる[二一]。ただしこの計画は同年六月五日に「神輿造替ニ付鳳輦ニマギラハシク当年ハ従来ノモノヲ用フル事」となり、さらに翌年五月七日の「太政官神祇官ヨリ達、当社六月六日十四日恒例祭祀神輿新造ノ儀東京伺ノ日モナク、当年ハ昨年通執行ノ事」〔鈴木　一九六八　七五〕、というやり取りの後は確認できない。これまで通りの神輿でこれまで通りの神輿渡御を行うこととなったのである。しかし神社主導で神輿渡御を行うという神社側の意図はその後違った形で実現する。

明治五（一八七二）年、神祇省や京都府による八坂神社及び祇園祭の「改革」は、以下のように一気に進んだ。

■明治五年

一月十二日　神祇省達。八坂神社社務三名、社官二一名、御旅所社人五名へ代々の「神勤」を免除。このうち一名を八坂神社禰宜、三名を権禰宜、一名を主典に申し付ける。〔鈴木　一九六八　七七〕

一月二十四日「府達、従来於其社町籍之者江神人ト称シ駕輿丁相勤候儀自今可差止候事。」
一月二十九日「江州神人組頭臼井久内来社、今宮村同様、今般滋賀県庁ヨリ免神勤ノ達アリシ由」
五月二十七日「自今神輿三基共氏子中ニテ駕輿丁勤ムル事」
五月三十日「神輿洗。本日御輦入京、（略）」
六月三日「当年ヨリ大宮神輿（西間神輿）三条台ニテ勤ム。」
六月四日「勅祭仰出、標柱当社四ケ所門前ニ建札。」
六月七日「神幸祭。神輿ハ中、西ハ三条台、東ハ船頭町。」
六月十四日「還幸祭」
六月十五日「八坂祭」（鈴木　一九六八　七八）　東遊び奉納（高原　一九六二　二七七）
六月十八日「神輿洗」（鈴木　一九六八　七八）

一月二十四日に京都府より「従来於其社町籍之者江神人ト称シ駕輿丁相勤候儀自今可差止候事」という達しがあり、五月二十七日には「自今神輿三基共氏子中ニテ駕輿丁勤ムル事」となった。これは、明治四（一八七一）年に発布された「氏子調規則」に基づいて、神輿は八坂神社「氏子」によって舁かれるべきである、という意味であり、今宮神人のように中世以前に起源を持つ駕輿丁役を差し止めるということであろう。轅町は八坂神社の氏子ではあったが、轅町の駕輿丁役はこの時点で名実ともに廃止となったのである。

先にも述べたが、蛸薬師町の『祇園会神輿御供式法』には、祇園社が少将井神輿渡御について関与した記事がほとんど出てこない。すなわち近世までの祇園会に於いて、少将井神輿渡御を主体的に担っているのは祇園社というより轅町であるといっても良い。このことは八王子神輿の渡御に於いても同様であったと考えられる。しかし、この年からは八坂神社が三基の神輿渡御の主導権を握ることとなったのである。とはいえ、すぐさま神社が独自に神輿舁きを集めたり、指揮したりすることは不可能であり、すでに神輿舁きとして広く認知されていた三条台、四条船頭町の若中を、正式に駕輿丁として認めることとなった。三条台、四条船頭町の若中はこの時点で、八坂神社の氏子区域中でそれなりの力を蓄えていたと考えられる。長尾、谷端、麻生（二〇一二）所載の地図によれば、元治元（一八六四）年七月一日の「禁門の変」による火災に於いて山鉾町や轅町は全て被災範囲にあり、この時期、まだ以前のような形で祭りに参加することは難しかったと考えられるのに対して、三条台、四条船頭町は被災範囲外であった〔長尾・谷端・麻生　二〇一二　六〕。

この時期、三条台と八坂神社との新たな結びつきがうかがえる出来事がある。明治六（一八七三）年十二月十五日に明治初期の大教宣布運動の中央機関である大教院から、今後月に三度は説教をするようにとの指示が出された。これを受けて、明治七（一八七四）年には八坂神社小教院の説教が二十七回行われた。八坂神社の説教は檀王法林寺（八月十二日、十三日、十四日）及び三条台会所での出張説教を除き、全て八坂神社社頭で行われている（ただし、法林寺での説教は僧侶との合同説教であった）。社頭での説教の聴衆は三十人～百五十人であったが、三条台会所での聴衆は十二日が三百人、十三日が三百五十人であった〔高原　一九六二　二八七～二九三〕。三条台会所は一般的な町家であり、神社や寺に比べるとかなり狭い。そこに三百人を超える聴衆を集めた様は大盛況と呼べるものであったろう。

明治九（一九七六）年には、「本日（六月二十日）十五区［弥栄学区、筆者注］茶製所ニテ各区長集会、会議ノ結果、二十四日神輿修覆完成ニ付舁試、駕輿丁ハ中御座三条台若中、東御座船頭町若中、西御座壬生村若中[三二]」、「（六月

二十七日）本年ヨリ私祭ニ中絶ノ駒形児供奉再興願差出」〔鈴木　一九六八　九〇〕という動きがあった。修復した三つの神輿を中御座、東御座、西御座と呼んでいる点、三つの若中が三座の神輿の渡御を担うという点、駒形稚児が復活している点など、現在の祇園祭神輿渡御に直接つながるかたちがこの年に定まった。

轅町のその後について触れておく。大正十五（一九二六）年に蛸薬師町では「長柄会《ながえ》」が結成された。「長柄会設立趣旨」（一三）によると、同会は町会所であった町家《ちょういえ》を町の共有財産とするにあたり、「家持拾壱名」を会員とし、「会員相互ノ福祉」、「親交」、「社会ニ貢献」を目的とする会であった。蛸薬師町には自らの町がかつて轅町であったという地域の記憶が脈々と受け継がれていたのである。町家の共有だけではなく「些カ社会ニ貢献セン」という規約中の表現に、轅町として祇園会神輿渡御という公的事項に貢献してきたという自負がうかがえる。近世以前の祇園会は何よりも疫病退散を目的とした。神幸祭、還幸祭を準備の段階から支え、滞りなく神輿を渡御させることは、氏子区域のみならず洛中洛外に安寧を齎す陰徳ともいうべき営為であった。

小　結

本章で論じてきた祇園会の神輿舁きの変化を年表に示すと表1‐3のようになる。

少将井神輿の神輿舁きの変化は次のようにまとめられる。

中世に於いては祇園社と特別な関係を結んだ神人が駕輿丁をつとめたが、近世前期（一七世紀後半）には駕輿丁役を務めた町人が住んでいた町々が轅町となり、住民から駕輿丁を出すようになった。しかし、近世中期（一八世

表 1-3　轅町から若中へ

15 世紀頃	少将井駕輿丁役と八王子駕輿丁役は洛中の特定の町々の住民（「職人＝町人」）が担っていた。
17 世紀後半	駕輿丁役の町人が住んでいた町々のうち、いくつかの町々が轅町と呼ばれるようになる。
延宝元（1673）年	三井家が蛸薬師町に呉服店を出店した。この頃、轅町でも金融業者、問屋商人といった「新しい町人」による「新しい町中」の形成が進む。神輿を舁くことは「新しい町人」たちにとっては過重な負担であった。
天和三（1683）年	少将井神輿轅町六町から、六月七日の神幸には六十人、十四日の還幸には八十人が神輿舁きに出たが、途中で抜けるものが続出し、神輿渡御は遅延した。轅町は今後遅滞したり、一人でも抜けたら、「公儀」に訴えていただいても構わないと雑色に陳謝。
元禄十六（1703）年	轅町が神輿舁きのために人足を雇う。願換（願舁）が登場する。
享保十（1725）年	六月十八日。少将井神輿轅町石井筒町に神輿の「舁賃」を「頭領」二人が取りに来る。「頭領（棟梁）」というリーダーの統率のもとに神輿舁きが行われていた。
宝暦四（1754）年	八王子神輿の神輿渡御に関わる者として「長柄町（轅町）」、「御輿舁請負人」、「御輿舁七拾五人」、「（御輿舁七拾五人の内の）頭立候もの」がみられる。
寛政十二（1800）年	この頃、三条台は「夷宮」の祭礼の「御輿御渡り」を請け負い、三条台村の百姓共並びに他の村の「若キもの」に神輿舁きの「人足」を頼んでいた。
文化十一（1814）年	この年三月に筆写・校了の『祇園社年中行事』には、轅町と三条台、四条船頭町といった地名を冠した神輿舁き集団が登場する。
文化十二（1815）年	同年四月十八日の『祇園会神輿御供式法』の記事に「老分」の語が見える。三条台の神輿舁き集団は年齢階梯制に基づく集団、若中であることを示す。
慶応四（1868）年	三月、神仏判然令。祇園社は八坂神社と改称。
明治二（1869）年	五月、「神祇官ニ神輿改願」。「神輿改願許可、神輿在来ノマヽ手軽ニ造替ノ儀、駕輿丁ハ白張着用ノ事」。八坂神社が神輿渡御を神社のコントロール下に置くことを目指す。
明治五（1872）年	一月、轅町の制度が廃止される。五月、今宮神人の大宮神輿駕輿丁も廃止となり、六月「当年ヨリ大宮神輿（西間神輿）三条台ニテ勤ム」こととなる。六月七日の「神幸祭。神輿ハ中、西ハ三条台、東ハ船頭町」となる。
明治九（1876）年	六月二十四日「神輿修覆完成ニ付舁試、駕輿丁ハ中御座三条台若中、東御座船頭町若中、西御座壬生村若中」、六月二十七日「本年ヨリ私祭ニ中絶ノ駒形児供奉再興願差出」。現在の祇園祭神輿渡御に直接つながるかたちがこの年に出来上がる。

紀初頭）には轅町の住民にとって神輿舁きが過重な負担となったので、轅町は神輿渡御の運営に徹するようになり、神輿舁きを雇うようになった。そして、近世後半（一八世紀末～一九世紀初頭）には半職業的な神輿舁き集団である三条台若中が神輿舁きを独占的に請け負うようになり、轅町・若中体制とでもいうべき神輿渡御の体制が確立する。さらに、明治初期の改革の中で轅町が廃止され、祇園祭神輿渡御の運営の主体が八坂神社となり、神輿舁きについては若中が請け負うこととなった。

祭礼ごとに経緯や事情は個別に異なるが、若中による神輿舁きは多くの祭礼でもほぼ同時期に発生し、若中が神輿渡御を取り仕切るという形態は現在まで続いている。このことから、祇園会（祇園祭）の少将井神輿の神輿舁きの担い手の変遷は、神輿舁きの在り方の「近代化」の一典型であると言えるだろう。

註

（一）三若、四若、錦といった呼称は、狭義に於いては神輿渡御を指揮・運営する中核的な組織（現在で言えば各神輿会）のみを指すが、広義に於いてはそれぞれの神輿に寄る全ての神輿舁きを含む総体を示し、場合によって使い分けられている。

（二）轅町は祇園会に特有のものではない。菱川清春「御靈祭天保絵図」（天保四（一八三三）年）には、下御霊神社の祭礼の「轅町」として「京極通夷川上ル西側上轅町」と「京極通夷川下ル西側南轅町」が見える。同図の写真版は下御霊神社拝殿に展示されている（二〇二三年七月二日確認）。

（三）三枝暁子によれば、神人とは「神社と結びついた商工業者の身分呼称」であり、「関係を結んだ神社に対して貢納品や営業利益の一部を納めたり、人夫としての労働に駆り出されたりするなど、特定の「役」を負担」した人々であった〔三枝二〇二二 vi～vii〕。三枝は「神人の身分を帯び、「役」を負担すること」が、商工業者が「京都において居住地を安定的に確保・維持」することに繋がった」とする〔三枝 二〇二二 二二〕。轅町はいずれも商工業の中心地に位置している。三枝の説明を参照すれば、住民たちが駕輿丁役を負担した背景が理解できる。
(四)辻ミチ子によれば、四座雑色とは近世京都に於いて、京都町奉行所与力、同心の配下として行政、司法、検察の末端を司った半官半民の役人。祇園会の警固はその任務の一つであった。五十嵐、荻野、松尾、松村四家の上雑色と小島家など八家の下雑色からなる〔辻　一九八五　一四二〜一四三〕。
(五)西御座錦神輿会(二〇一六)の「記念鼎談」による。
(六)村山弘太郎(二〇一六a)が今宮祭の運営で明らかにしているように、近世期に於いては、町人の氏子が神輿舁きを雇うという形態は他にも見られた。
(七)三井文庫所蔵『蛸薬師町文書』。本書は京都市歴史資料館編(一九九九)所収によった。
(八)京都町触研究会編(一九八三〜八七)。
(九)上御霊、下御霊のどちらの祭礼を指すかは不明だが史料の表記に従った。
(一〇)『祇園会式』は五島邦治氏のご教示によった。
(一一)『古久保家文書』(京都府立京都学・歴彩館所蔵)の「町代日記」、宝暦四(一七五四)年六月十五日条。
(一二)白楽天山などの舁き山も、巡行に臨んで神輿と同じような「舁き」の体制をとっていた。川嶋將生は、文政十一(一八二八)年の祇園会に際して、白楽天山町が「請負人」に依頼して「頭取」二人、「山舁」十四人を調達した文書(『白楽天町文書』)を紹介している〔川嶋　二〇一〇　一一一〜一一三〕。
(一三)第五章の「図5-1　京都標準の神輿の人員配置・体制」(153頁)参照。
(一四)真弓常忠編(二〇〇二)所収。
(一五)三若みこし連合会には、特定の企業の従業員が中心となっている会、商店街の商店主が中心となっている会、神輿を舁く実践で頭角を現した神輿舁きが結成した会、かつての仲仕組織をルーツとする会などいろいろな成り立ちの会がある。
(一六)京都府立京都学・歴彩館所蔵写真版を参照した。
(一七)少将井神輿の轅町六町は二条通から綾小路通に位置し、八王子神輿の轅町四町より概ね北、つまり「上」に位置することから、史料中に見える「上組」と称したのであろう。八王子神輿轅町四町は綾小路通から仏光寺通に位置し、「下組」という表現が史料中に見られる。

（一八）ただしこの年には、六月六日に雑色が町にやってきて上意を伝え、行事二名は麻裃姿で承る、という例年見られる記述が見られないが、書き洩らしである可能性が高い。「上意」とは神輿渡御で粗漏や事故が無いようにとの町奉行所からの念押しであろう。

（一九）蛸薬師町の町用人の通称。「天保十二年九月宗門人別改帳」（『蛸薬師町文書』京都市歴史資料館所蔵写真版）には、町会所を借家とする「町用人小八」がみえる。

（二〇）文久九年の記事には「四条わた彦」「大宮近喜」、「浮橋年寄」がみえる。

（二一）仕丁姿の駕輿丁が鳳輦を舁くスタイルは、京都に於いては護王神社神幸祭、時代祭（平安神宮）の神幸などにみられる。これらの祭りは明治以降に始まり、いずれも皇室とのつながりを強調した神社の祭りである。

（二二）壬生村若中（のちに壬生組）は昭和二十一（一九四六）年に解散、西御座神輿渡御は錦市場の人々（現錦神輿会）に引き継がれた。壬生村若中がなぜ西御座神輿を担うようになったのかは明らかになっていないが、壬生村が三条台の隣村であった点や、壬生村にあった材木集積所である西高瀬川千本浜が、神輿舁きに適した肩腰を持つ浜仲仕（運搬労働者）たちの拠点であったことから、三条台若中の何らかのはたらきかけがあったと思われる。旧壬生村一帯は現在、梛《なぎ》神社（元祇園社）の氏子地域である。社伝によると同社はもともと農地の中の小祠であり、明治八（一八七五）年に規模を拡大し壬生村の産土社となった。『京都御役所向大概覚書』には、祇園社の氏子区域として「西ハ野限壬生村辺」とあり〔岩生監修　一九七三　二〇〕、もともと壬生村は祇園社の氏子区域の西端と捉えられていたと考えられる。梛神社が祇園社と同一視される由緒を持つ神社であることからも、壬生村一帯が明治以降も八坂神社の氏子区域と準ずる地域と解釈され、それが西御座神輿の神輿舁き集団壬生村若中の成立につながったという可能性を指摘しておく。

（二三）『蛸薬師町文書』（京都市歴史資料館所蔵写真版）を参照した。

第二章

若者組と神輿舁き

今宮祭中御輿を舁く鷹若中（今宮神社） 2018 年 5 月 5 日 筆者撮影

はじめに

前章では祇園祭に焦点を当て、三条台若中や四条船頭町若中といった神輿舁き集団が登場したことを述べた。若中とはもともと近世に於ける村や町《ちょう》の若者組[二]のことである。京都では現在でも神輿舁き集団をあらわす呼称として残っている[三]。本章では、祇園祭の神輿舁き集団の若中と時期を前後して登場した様々な若中について、総合的に考察したい。

大石泰夫は若者組と祭礼との関係について「若い衆、若連中、若者契約などと様々な呼称で呼ばれる若者組」は、「江戸時代後期から存在し、氏神の祭礼の運営や芸能の伝承などを担っていた」とする〔大石　二〇一三　五八四〕。宮前耕史によれば、「若者組に期待されていた役割の第一は、祭礼の執行で」あり、祭礼の執行に於いて若者組が担ったのは、一八世紀以降に肥大化、遊興化が進んだ祭礼の「饗宴（神送り）」部分、すなわち神輿や山車であるとする〔宮前　二〇〇九　一四二〜一四三〕。

なぜ若者組が祭礼で神輿舁きを担うようになったのであろうか。

肥後和男は、「例えば神輿の如きは最も神聖なるものであるから、座人以外がそれに触れることは當然禁ぜらるべきである。然るに戸主といへば勿論多少の除外例はあるにしても、多くは年輩のものと見なければならぬ。そうしたものがこれを奉ずることは考えられないのであり、そこに若衆の登場を期待しなければならない」とし、本来神輿を舁くべき宮座の座人、すなわち一家の戸主に代わって若衆が神輿を舁いたとする〔肥後　一九八五

（一九四一）　一九五）[三]。

井上頼寿は『京都古習志』に於いて、主として京都を中心として、宮座に位置づく若者組の事例を挙げている。その中で、井上が宮座の若者組が神輿を舁いていた例として取り上げているのは、小倉神社（長岡京市）の祭礼に於ける圓明寺の若中（井上　一九八八（一九四〇）　一三〇）、愛宕神社（右京区）の祭礼に於ける水尾の若中（井上　一九八八（一九四〇）　一四六）、鷺森神社（左京区）の祭礼に於ける山端の若中（井上　一九八八（一九四〇）　一七九）、八大神社（左京区）の祭礼に於ける一乗寺の若中（井上　一九八八（一九四〇）　一八三）、崇導《すどう》神社（左京区）の祭礼に於ける上高野《かみたかの》の若中（井上　一九八八（一九四〇）　一八四）がある。また井上は宮座に加えて講の若者組が神輿を舁いている例を挙げている。例えば、石座神社（左京区）の氏子区域である岩倉では男性のほとんどが伊勢講に入っていたが、伊勢講は四歳ごとの同年会を結成しており、このうち最も若い者が加入するのが「ニコク連中」（一六～二〇歳）、次に若い組が「若連中」（二〇～二四、五歳）である。祭礼では「ニコク連中」と「若連中」はそれぞれ一基ずつ神輿を舁く（井上　一九八八（一九四〇）　一九二、二七八）。また井上は、三宮神社（三ノ宮神社、現西京区）の「神輿を舁く若衆仲間」である「明神講」を取り上げる。明神講とは、「十八歳から卅五歳迄が貧富の區別無く全力を盡して奉仕するのである。（略）卅五歳から五十歳迄の中老が神輿の周圍に位置して之を監督し、其の内に六名の取締（選擧制）がある。御輿舁の出す時仕舞ふ時の態度から奉仕中の氣力、眞面目さに至る迄總ては中老の監視を嚴に受ける。怠ければ峻しい制裁を受け、除名に逢へば土地に居られなくなる。神輿は講員のみが扱ひ他の人には一切手を觸れさせない」という集団であり（井上　一九八八（一九四〇）　一九六）、祭礼に於ける若者組のもともとの姿を伝えていると考えられる。

京都市左京区大原の江文神社の例祭では定められた町から神輿舁きを出す。町には宮座組織があり、つい最近まで宮座に加入している家の長男しか神輿を舁くことができなかったと言う（二〇一八年五月四日聞き取り）。

以上のことから宮座や講と言った古くから存在する祭祀組織に属する家の子弟が神輿を舁くのがもともとのかたちであり、そこから祭祀組織とは関係が薄く、よりオープンなメンバーシップを持つ若者組である若中が神輿を舁くかたちが多くの村や町で見られるようになったと考えられる。

筆者は後に述べる諸例から、京都周辺では一八世紀後半から一九世紀初めには、各祭礼で神輿舁きを若中が担うというかたちが確立したと考える。現在の京都の祭礼に於いては、同好会的な神輿会も見られるようになったが、各神社の祭礼で神輿渡御を中心的に担っているのは、その神社の氏子からなる若中であり、神輿舁きたちの多くもいずれかの若中に属している。従って、若中がどのように成り立ち、どのような組織であるのかというテーマは、京都の祭礼研究を進める上で重視すべきであることは言うまでもない。しかし、若中についての先行研究は、多仁照廣による稲荷祭の若中についての研究〔多仁　二〇〇〇〕、伊従《いより》勉研究室による北白川、一乗寺、銀閣寺地域の村落祭祀の研究に於ける若中についての言及〔伊従勉研究室　二〇〇八〕、大島明の西院春日祭の若中に関する研究〔大島　二〇二二〕、などに限られている。そしてこれらは、特定の若中を対象とした研究である。

筆者はこれまで、筆者の御霊祭に於ける末廣組〔中西　二〇二一ａ〕、祇園祭の四若〔中西　二〇一八〕、〔中西　二〇二一ｂ〕、三若〔中西　二〇二一ｃ〕等、いくつかの若中の研究を蓄積する中で、それぞれの若中の成り立ちや組織構成の違いを感じてきた。様々な若中の組織の成り立ちやあり方を検討、比較する総合的な研究が必要である。以上のことから本章では、京都に於ける代表的な大型祭礼や中小規模祭礼の若中を対象として、その成り立ちや組織のあり方の違いに着目し、類型化を試みていくとともに、若中による神輿渡御が京都の祭礼にどのような変化をもたらしたのかについて考察を行う。

なお、本書で取り上げる大型祭礼と中小規模祭礼の違いについては、京都市（一九七一）所載の「氏子区域図」（図2‐1）を基準とする。(四)大型祭礼は図に示されている広域の氏子区域を持つ神社の祭礼で、概ね三基以上の神輿が出る。図に示されない神社の祭礼を中小規模祭礼と規定する。これらの神社の氏子区域は概ね広い氏子区域を持つ神社の周辺に位置し、近世末時点では基本的に一ヶ村乃至は数ヶ村迄の比較的小さな範囲であり、祭礼の際に出る神輿も多くは一基である。(五)

なお、旧洛中にも神輿渡御を伴う中小規模祭礼が少数ながら存在する。中心部中小規模祭礼とでも言うべきこれらの祭礼の神輿舁きについての研究は、今後の課題としたい。

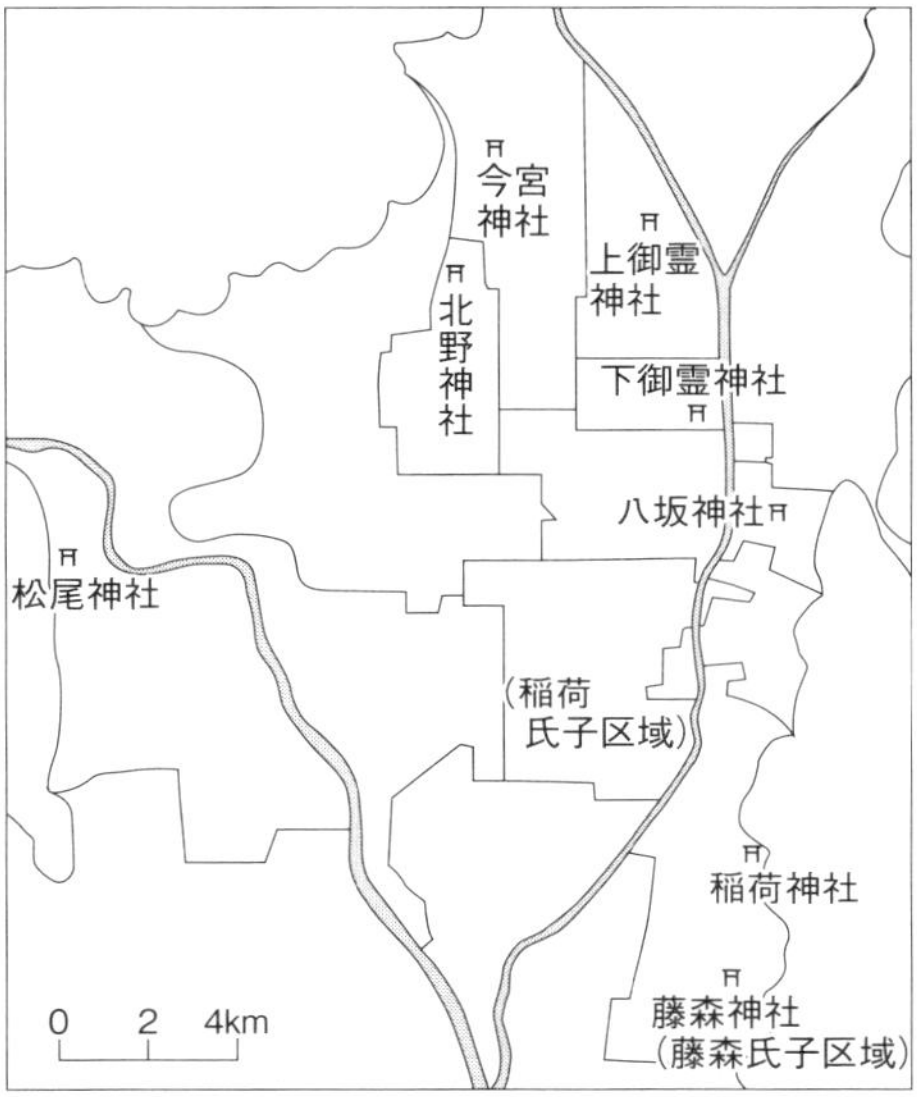

図 2-1　氏子区域
出所：京都市（1971）、392 頁より作成。

一　周辺部大型祭礼の若中

京都の大型祭礼の中で稲荷祭と松尾祭を周辺部の大型祭礼とする。ここで言う周辺部とは近世に於いて洛中洛外の境または洛外とされた地域である。松尾祭は本社、旅所、神輿の巡行する地域全てが洛外である。稲荷祭は還幸祭で神輿の巡行する地域に旧下京南部の氏子区域を含んでいる。しかし本社及び旅所は洛外であり、祭礼で最も重視される祭事が行われる東寺は洛中洛外の境に位置する。また、神幸祭は本社から旅所に神輿が渡御し、地域的には洛外で完結していた。以上のことから神輿渡御に限って言えば、またのちに述べる祇園祭や今宮祭との比較で言えば、稲荷祭は周辺部を中心に展開される大型祭礼であると考える。この二つの祭りの神輿舁き集団をまず見ていく。

（一）稲荷祭の場合

稲荷祭は平安時代から続く祭礼で、かつては旧暦三月の中の午の日に、現在は四月二十日前後の日曜日に神幸祭があり、神社から旅所に五基の神輿が渡御する。また、かつては旧暦四月の中の卯（現在は五月三日）に還幸祭があり、五基の神輿は途中、東寺での神饌の献供を経て神社に還っていた（写真2-1）。現在は神幸祭、還幸祭で神輿が舁かれる場面はほとんどなく、旅所に神輿がおさめられている期間（四月の末の休日）に行われる区内巡行、すなわち、次に述べる神輿元の地域への神輿巡行でのみ神輿が本格的に舁かれる〔三好・岡野他　二〇〇四　一二三～一二四〕。伏見稲荷大社によれば、「稲荷祭の奉仕には、昔から宮本組・川西崇敬会及び五ヶ郷と称する氏子区域があります。これらの氏子区域は神幸・還幸の行列奉仕を担当し、神輿は五ヶ郷の担当に属しますが、その五基は、不動堂（田中社）・東九条（上社）塩小路・中堂寺の交代（下社）・西九条（中社）・八条（四之大神）の担当となります」（伏見稲荷大社ＨＰ「行事と祭礼」「稲荷祭区内巡行」）とある。(六)「五ヶ郷」すなわち不動堂、東九条、塩小路（東塩小路）、中堂寺、西九条、八条は近世には洛中の周辺部、もしくは洛外の村（郷）であり、坂本博司によれば「神輿元五ヶ郷」と総称されていた〔坂本　一九八五　五三〕。(七)これらの地域の特色は旅所近くに位置することである。(八)久米舞子によれば稲荷祭は一一世紀には既に催行されていたが、もともとは左京七条の住民が神輿を旅所に迎え、京中を巡行し、本社へ還す祭りであった〔久米　二〇一三　二〕。

写真 2-1　東寺からの献供を受ける稲荷の神輿
2023 年 5 月 4 日　筆者撮影

この祭りの形は現在でも基本的に踏襲されている。また五島邦治によれば、稲荷祭の神輿渡御は古代末から近世まで一貫して旅所付近の「在地」によって支えられてきた（五島　二〇〇四　一一七～一四七）。

伏見稲荷大社いうところの「担当」とは、歴史的に見て単に神輿渡御を運営するだけではなく、神輿の造営、修復までをも含んでいる（九）。安永三（一七七四）年の稲荷祭の際、中断していた稲荷社神職の祭礼供奉が再開されたが、その件について神職が神輿元である東塩小路村に差し出した文書には、「万一神輿舁方之儀ニ付差支出来候ハ、其節可及御相談候」と記されており、神輿渡御に差し障りが出ないように、稲荷社側が神輿元の意向を窺っていたことがわかる（一〇）。東塩小路村は、東本願寺寺内町のすぐ南に広がる村であった。嘉永五（一八五二）年九月付宗門改帳によれば、四十二戸二百十七人の村である（京都市歴史資料館編　一九九七　二～六）。坂本博司は各種史料を検討し、東塩小路村は下社神輿の修復から渡御に至るまでを請け負う神輿元として、祭礼に於いては神社、旅所と対等の立場を主張しうる存在であったとする（坂本　一九八五　八八）。

多仁照廣によれば、「明和五（一七六八）年、下社神輿関係の史料に「若者」が初めて現れ」たが、「東塩小路村若中」は稲荷神社下社神輿の渡御について、「神輿舁丁と神輿の諸道具の管理を任務」とし、祭りの準備、神輿舁き、片付けのみでなく、他の若中への神輿舁きへの助力の依頼や、揉め事への対応など「他町村との付き合い」も担当していたという。また、明和五年の稲荷祭下社神輿の再興に際しては、諸道具の修復を担っていた〔多仁　二〇〇〇　一八五～一八七〕。久保智康によれば、下社神輿の屋根を飾った鳳凰（塩小路鳳凰）には「文政七甲申年十一月　東塩小路村若中」銘がある〔久保　二〇一六　二〇〕(一一)。多仁は『若山要助日記』(一二)に見える東塩小路村若中に関する記述に注目し、東塩小路村若中は近世期の若者組一般に見られるように、警備、消防、地蔵盆の世話なども担当していたが、これらは副次的なものであり〔多仁　二〇〇〇　一七八～一八二〕、「（稲荷祭の）神事の際の神輿舁丁を負担することが主たる団体であった」とする〔多仁　二〇〇〇　一八二〕。多仁によれば、東塩小路村若中は稲荷祭下社神輿の渡御を担うだけでなく、新日吉社、清水寺地主社、三嶋社など近隣の祭礼に際して、神輿舁きの応援に行っている〔多仁　二〇〇〇　一七八～一八二〕。このような東塩小路村若中の成り立ちやあり方は、稲荷祭の他の神輿元の若中と共通したものであったと思われる。

中社神輿の神輿元である西九条の原田寅之助氏が著した『西九条ト神事』(一三)には、かつての西九条の若中の姿が描かれている。原田氏は、「俗に駕輿丁（舁丁）或は「みこしかき」」は、「古来より若中と言って男子が十四五歳ともなれば、四十前後迄輿丁奉仕を目的とする一団に加はったので」あり、若中は「西九条全般に渡った事とて此の勢力も従つて強いものであった」とする〔原田　一九四一　三六〕。

西九条村は明治三十五（一九〇二）年に京都市に編入されたが、それ以前から人口が増加し市街地化が進んでいた。若中も時代の流れの中で姿を変えざるを得なかったようである。原田氏によれば、「（若中は）現在では住み付いて

写真 2-2　稲荷祭区内巡行下社神輿（伏見稲荷大社御旅所）
2024 年 4 月 28 日　筆者撮影

ゐる人の比較的多い唐橋町に於てのみ名実共に残つて居り、猪熊町に於ても此所四五年以前に、此の廃頽する神事を憂ふる人に依り、新しく神事青年団が出来た」とある〔原田 一九四一　三七〕。第二次世界大戦前の段階で西九条には二十九町あり、そのうちの一つの町である唐橋町にのみ旧来の若中組織が実質的に残っていたが、他の町では廃れており、猪熊町では一度廃絶した若中に代わる神事青年団が発足したのである。一般的には青年会や青年団とは近代以降全国的に組織された青年の自治、親睦、啓発のための組織であるが、稲荷祭に見られた青年団や、後に述べる松尾祭の青年会は、西九条の神事青年団という名が示すように祭礼の運営、すなわち神輿舁きに特化した組織であろう。稲荷祭の五社の神輿舁き集団は、近世期の若中からの系譜をひきつつ、時代の流れや地域の変容に応じた変化があったと考えられる。[一四]

(二) 松尾祭の場合

松尾祭は九世紀後半の貞観年間に始まったとされる。神幸祭はもともと旧暦三月の下の卯の日、現在は四月二十日以降の日曜日に行われている。神幸祭では四之社、衣手社、三宮社、宗像社、櫟谷社、大宮社という六基の神輿と月読社の唐櫃が松尾大社から桂川を舟で渡り、現在は三か所ある旅所に渡御する。還幸祭はもともと旧暦四月の上の酉の日、現在は神幸祭の三週間後の日曜日に六基の神輿が、後に述べる「轅下《ながえした》」の地元を巡行し、旧西寺跡での神饌の献供を経て神社へ戻る（松尾大社ＨＰ「祭典・行事」「神幸祭」「還幸祭」）。神輿を担当する地域は近世期から現在に至るまで、四之社が西塩小路（旧西塩小路村、以下の地名は全て旧村名に由来する）、梅小路、御所内、衣手社が郡、三宮社が川勝寺、宗像社が西七条（旧西七條村）中町及び西町、櫟谷社が西七条東町、朱雀、大宮社が唐橋である（丘　二〇二〇　一四八～一五〇）。これらの地域及び神輿舁きたちを轅下という。松尾大社元宮司の中西守氏によれば、「神輿の下の二本の棒は桧木で一本が十二米もあり、若者二人でやっと一本持ち上げられ、これを轅と称する。神輿を持っている氏子の地域ならびに、その舁手を轅下と称する」ということである（中西守　一九八三　一〇八）。これらの地域に共通することは、いずれも広い氏子区域の中の旅所近くに位置するということである。[一五] 旅所付近の住民が本社から神輿を旅所に迎える祭りの形態が存続してきた点では稲荷祭と共通する。

松尾祭は何度かの中断、再興を経てはいるが、久米舞子が「松尾の祭りに神輿が姿を現し、西七条の住人がその主体として確認できるのは、一二世紀以降である」と述べるように（久米　二〇一〇　九）、また『明月記』安貞三（一二二九）年三月二十七日条に、松尾社の神輿の「舁手」として「西七条住人」が登場することから、西七条と松尾祭神輿との関わりは非常に古い時代にさかのぼることができる。元禄五（一六九二）年～十一年の間に成立したと考えられる「松尾社年中行事次第記」[一六]によれば、当時の神幸について「上山田村民来集為駕輿丁、自本社至桂川渡、舁于神輿而還、神輿航于桂河已後自旅所来駕輿丁代之」、還幸についても、「上山村（上山田村カ）黎庶為駕輿丁到迎桂河之西浜、舁神輿詣本社也」とされている。この時点では桂川の西側では松尾社近くの上山田村の村民が、東側では旅所近くの西七条の住民が神輿を舁いており、神輿渡御一切を西七条の住民が取仕切る現在の形態とは違っていた。

ここでは、櫟谷社神輿を舁く西七条東（旧西七条村東町）の神輿舁き集団に焦点を当てて考察を進めたい。櫟谷会元会長の西村為彦氏によれば、現在の櫟谷社神輿は宝暦十三（一七六三）年に再建のための動きが始まり、明和五（一七六八）年には巡行していたとする〔西村　一九八三　一一四〕。宝暦十三（一七六三）年の『福田（光）家文書』（京都市歴史資料館所蔵写真版）の「松尾櫟谷大明神御輿奉加帳」には「櫟谷大明神御輿」は「小村氏子」だけでは再興が難しいので、「諸方之助成ヲ以速ニ再興ヲなし度」とあり、神輿の再建にあたっての西七条東の人々の苦心の様子が窺える。『福田（光）家文書』「御神事ニ付連印帳」（明和五（一七六八）年）には、「神幸、祭礼共、神輿御本山旅所舁出シ」とあり、この時点では、神輿渡御一切を西七条東の人々が取仕切っている。すなわち中西守氏がいうところの「神輿を持っている氏子の地域ならびに、その舁手」からなる轅下という概念が何時から存在したかはわからないが、櫟谷社（西七条東）については、宝暦の神輿再建以降に強固なものとなったのではないか。なお、宗像社神輿を担当する宗像会の相談役であった中村栄吉氏によれば、「日本一重い鳥神輿を作られたのは、（略）弘化二年（一八四五年）に轅寄贈と記されておりそれ以前であると」思われる〔中村　一九八三　一一四〕。衣手社轅下代表であった加藤威氏によれば、衣手社の現在の神輿は元治元（一八六四）年に建立された〔加藤　一九八三　一一二〕。三宮社の青年会長であった北村達夫氏によれば、三宮社神輿が作られたのは、「江戸時代の終わりごろだろう」と伝えられている〔北村　一九八三　一一二〕。以上のことから、「神輿を持っている氏子の地域ならびに、その舁手」が轅下であるという意識は、松尾祭の各神輿に共通して近世後半〜幕末に強化されたと考えられる。

『福田（光）家文書』には、明和五（一七六八）年の「御神事ニ付連印帳」、天保十五（一八四四）年及び嘉永三（一八五〇）

年の「駕輿丁取締承知連印帳」が含まれる。これらの連印帳は表紙に全て三月と記されており、松尾祭に際して回覧、署名押印されたものであると考えられる。櫟谷社神輿が再建されて間もない明和五年の連印帳には「若者」は見当たらないが、天保十五年の連印帳には「若者中」、「若者仲ケ間」が見られることから、西七条東の若中は、前述した東塩小路村の若中より若干遅れて成立したと考えられる。第一章で述べた三条台若中も遅くとも一九世紀初頭には成立したとみられることから、一八世紀末から一九世紀初めにかけて、京都では様々な祭礼に於いて若中が神輿渡御を担う形が成立したことが、史料から裏付けられる。

「駕輿丁取締承知連印帳」には若者中の心得として、「(神幸、還幸の) 両日神輿向ニ打掛り、無差支様念を入相調へ可置事」と定められている。前出の西村為彦氏によれば、「戦前古くは西七条村東町の青年会が祭事の運営活動を一切取り仕切り」とあり、西九条で見られた若中から青年団への名称の変化と同様の変化がここでも見られる。西村氏によれば青年会は、「神輿の補修等については町役に進言をし援助をこうという形」であり、連印帳の心得に記された「若者中」(若中) と神輿との関わり方は、若中が青年会と名を変えても続いている。また神輿の補修を青年会が担当していたことは、稲荷祭の若中と共通する。

戦後については、「氏子地区十五ケ町 (下京区西七条東野町・御領町・八反田町等) でもって櫟谷会を組織し、青年会・中老会をその配下に配し」ており、青年会が一切を仕切っていた戦前から、組織的な変遷があったが (西村 一九八三 一一四)[一七]、現在も櫟谷社神輿の神輿舁きは、祭礼の準備、当日の運営、指揮などは青年会が中心である。[一八]松尾大社六社青年連合会が組織されていることから、青年会中心の神輿渡御、巡行運営が松尾祭の各神輿に共通していることがわかる。

二　中心部大型祭礼の若中

祇園祭、今宮祭はともに神幸祭では洛中に近接する洛外の本社から洛中の旅所に神輿が渡御し、還幸祭では旅所から下京、西陣という近世から近代にかけての京都の中心部を、神輿が巡行した上で本社に還る。近世に於いては名実ともに京都を代表する都市祭礼であったといえるだろう。このうち祇園祭については前章で取り上げているので、本章では今宮祭を中心に述べていく。

今宮祭は長保三（一〇〇一）年の紫野御霊会を起源とする。応仁の乱による中断、復興などの紆余曲折を経て、元禄期に於ける徳川綱吉の母桂昌院の援助、西陣の繁栄によって近世期には隆盛を極めた。その後西陣の興隆に伴って栄え、祇園祭とともに京都を代表する祭礼となった。近世に於いては五月七日（現在は五月五日）に神幸祭が行われ、先御輿（あぐい御輿）、中御輿（鷹御輿）、大宮御輿（写真2-3）の三基の神輿が旅所に渡御する。還幸祭は五月十五日（現在は五月の第二もしくは第三日曜日）に行われるが、神輿は旅所から西陣を巡行し、本社に還る（紫野今宮神社HP「祭礼」）。

大宮御輿の神輿舁き集団である大宮御輿与丁会の役員のA氏によれば、今宮神社周辺の紫竹、大門、上野、雲林院、門前、大宮森、三筑、新門前、開、薬師山の旧大宮郷十村のうち、上野村の若中及び新門前村の若中が大宮御輿を担ってきたという。(一九)A氏によれば上野若中という組織は、今宮神社のもう一つの春祭りであるやすらい祭も担ってきた。(二〇)「十年ほど前」までかろうじて存続してきたが、現在は名実ともに解消したので、神輿舁きは旧大宮郷と

写真 2-3　今宮祭大宮御輿（大徳寺門前）
2023 年 5 月 5 日　筆者撮影

重なる待鳳小学校及び鳳徳小学校校区の住民有志による大宮御輿与丁会で担っているとのことである。中御輿は鷹御輿とも呼ばれ、鷹ヶ峰の若中（現鷹若中輿丁会）が担ってきた。先御輿はあぐい御輿と呼ばれるやや小ぶりの神輿である。A氏によれば、西陣の氏子に舁かせるために作られたため、小ぶりになっているとのことである。[一二] かつては旅所の南辺の安居院地域の人々が担ってきたが、戦後のある時期から地域の人々が神輿を舁きに集まらなくなった。現在は鷹若中輿丁会の「一時預かり」となっていて、神幸祭、還幸祭の際には鷹若中輿丁会が巡行を担当しているとのことであった（二〇一八年、一九年の神幸祭に於いて聞き取り）。

本多健一によれば今宮祭の神輿舁きの担い手は、中世以来、「大宮・小川地区」、「北部村落地域」、「南部市街地域」と変遷を繰り返してきている。『花車町文書』によると、延享五（一七四八）年の祭りでは「南部市街地域」の請負人が神輿舁きを集めていたとする。このような形態は、祇園会でも若中が登場する直前に見られた形態である。そして、明和三（一七六六）年時点での担い手の地域は、「大徳寺門前」、「安居院筋違南半町」及び「同北半町」、「鷹ヶ峰」、「同木ノ下町」となる（本多　二〇一三　一八一〜一八四）。これは先に述べた現在の三基の神輿の担い手の地域に一致しており、神輿の担当地域は一八世紀後半から変わっていないこととなる。つまり一八世紀後半あたりで今宮祭の神輿渡御は、請負人が人足を集めて神輿を舁かせる形態から、特定の村、町の若中が神輿舁きを請け負う形に変化したと思われる。神輿舁きの担い手の地域が変遷している点や若中の参入は、前章で取り上げた祇園祭と同様であり、中心部大型祭礼の特徴であると言えよう。

村山弘太郎によれば、近世には上西陣組・下西陣組に属する氏子の町々が、今宮祭に特化した神事行事町の組を構成していた[二二]。順当に進んだ場合、ある神事行事町の組が神事の当番となるのは、上西陣組では三十二年に一度、下西陣組では五十三年に一度である〔村山　二〇一六a　五〕。村山によれば、神事行事町の重要な役割とは、「神輿を護持し、供奉する」ことであり、「神輿の飾り付けや片付け、そして日用頭を仲介として神輿舁人足を雇い神輿を舁かせる。換言すれば神輿を準備し、巡行させるということが行事町のもっとも本質的な今宮祭における役割であった」〔村山　二〇一六a　一三〕。また村山によれば神事行事町及び上西陣組、下西陣組は神輿や社殿の修復料も負担していた〔村山　二〇一六b〕。以上のことから、今宮祭に於ける神事行事町の役割は、祇園祭の轅町に比することができる。

神事行事町と神輿舁き集団の関係についてはどのようになっていたのであろうか。下西陣組の桜井町に残った文書「今宮御神事行事勤来控」には[二三]、安政六（一八五九）年に、「京方千本」[二四]、「鷹ヶ峯」、「紫野」（大宮郷）の各請負から神事行事町に出された請負状が収められている。神輿渡御を請け負うとはどのようなことなのか、よく示している史料なので引用する。

請負一札之事

一、当年五月今宮御神事、七日十五日神輿賃金弐百七拾目ニ而御請負申候処、私共西陣表江御願申上御相談之上、三拾匁御増被下、都合三百目ニ而御請負申候ニ付、則当御神事行事町ゟ右半銀百五十目慥請取申候、残半銀者御神事首尾能相済、五月十六日ニ受取可申候、然上者達者成もの人足ニ雇召連罷出、一社毎ニ小頭之者二人宛相添置、得与申渡置三社共大切ニ仕、途中ニ而遅ク相成不申怪我等無之様入念、尤神輿錺道具等少も為損申間敷候、誠ニ近来増銀も被下候儀御座候得者、別而大切ニ相勤可申候、万一不埒成仕方候ハヽ、残半銀御渡不被下候共、一言之申分無御座候、為後日依而如件

（以下略）

写真 2-4　神輿舁き集団「あぐい講中」の奉納額（今宮神社）
2023 年 5 月 5 日　筆者撮影

今宮祭の神輿は祇園祭や稲荷祭の神輿に匹敵する大型の神輿である。また今宮祭には祇園会にもしばしば現れた願舁がたびたび出没し、神輿舁きを困難にしたという事実から、[二五]神輿を安定的に巡行させるには一定程度以上の技術や経験を持った神輿舁き集団が必要であったはずである。このことから、この時点では紫野（大宮郷）、鷹ヶ峰、京方千本（及び安居院）は「達者成もの人足ニ雇召連罷出」、とあるように神輿舁き人足を集めて提供しただけでなく、「一社毎ニ小頭之

者二人宛相添置」といった具合に、神輿舁きの頭を出している。つまり神輿舁き集団として神輿渡御を担ったと考えられる（写真２‐４）。

なお、京都中心部の大型祭礼としてもう一つ、上御霊神社の御霊祭を挙げることができる。御霊祭は御所を中心とする上京東部に三基の神輿が巡行するが、小山郷、今出川口、末廣の三つの神輿舁き集団が神輿渡御を担っている。御霊祭の神輿舁き集団については祇園祭や今宮祭に比べて史料が乏しく解明されていないことも多いが、京都中心部の大型祭礼である点、近世期、神輿の維持・管理に携わったとみられる町（上神輿町、下御輿町）がある点、願舁が見られた点などから、祇園祭や今宮祭と同様、神輿の維持・管理に携わった町あるいは神社から、ある時期から神輿舁き集団が神輿舁きを請け負った可能性を指摘しておく。(二六)

三　周辺部中小規模祭礼の若中

京都周辺部の中小規模祭礼は総じて村落祭祀であり、村の氏神の神輿を若中が舁いてきた。(二七)周辺部中小規模祭礼は数多いが、一例として六請《ろくしょう》神社（京都市北区等持院）の神幸祭を取り上げる。(二八)

六請神社（六請明神）は足利氏の菩提寺である等持院の鎮守であったが、真如寺門前（村）及び等持院門前（村）の氏神でもあった。同社の拝殿には若中と墨書されている古い幀が飾られている（写真２‐５）。木札に書かれた解説によれば、この幀は約百七十年前のものである。

真如寺門前（一町）及び等持院門前（三町）は明治五（一八七二）年に合併し等持院村となったが、その時点で総人口百七十五名、うち男七十四名、女百一名であった〔京都市 一九九三a 四〇四〕。『北山（利）家文書』「御神事御輿奉加帳」（京都市歴史資料館所蔵写真版）は安永二（一七七三）年に同社の「神輿建立」にあたって真如寺門前の人々の奉加帳である。

六請大明神
此度御神事御輿建立仕候得共、難及自力各ヽ様御信心之衆中様、多少不寄御寄進被成可
被下候、則帳面相廻し申候間、御銘ヽ御寄附可被下候、尤御家内御祈祷息才（災カ）延名（命カ）
可為諸願成就候也
安永二巳年九月
各様
真如寺門前　年寄
町中

「建立」という言葉から、この時初めて現在の形態の神輿を作ったと考えられる。真如寺、等持院などの寺院も含めて門前町住人と思われる人々を中心に合計二十九口の寄付で神輿が建立されている。おそらく洛外の村々の氏神社ではこの時期に、同様のやり方で神輿がつくられていったと思われる。文化六（一八〇九）年九月付の『真如寺文書』「乍恐奉御願口上覚」には、真如寺門前の人々が神輿の拝殿修理のために、真如寺に対して境内の檜三本を寄進してほしいと願い出ている。[二九] また「御神事御輿奉加帳」にも、同年同月廿日付の等持院門前役人から真如寺

写真 2-5　六請神社神輿の轅
2022 年 9 月 5 日　筆者撮影

門前役人中宛の寄付の「覚」が挟み込まれており、神輿の維持、管理を巡っては両村が共同して行ったことを示している。以上のことから六請神社の神輿は、真如寺門前、等持院門前の人々によってつくられ、祭りの際には六請神社から氏子区域である二つの村域を巡行し、その舁き手は村の若者全体からなる若中であったと推測できる。六請神社神幸祭のような周辺部の中小規模祭礼の若中は村や祭礼の規模から考えても、大型祭礼の若中のような祭礼に特化した組織ではなく、消防、防災、警備、道普請、共有地の管理などの村の自治的活動にもそれなりに比重が置かれていた若中であったと考えられる。現在の六請神社神幸祭の神輿舁きは六請会という氏子組織によって担われているが、手拭や法被の背にはかつての等持院村若中を略したと思われる「と若」の文様が染められている。また、古い法被には「青年團」の文字があり、若中から青年団という変遷をうかがわせる。[三〇] 祭礼は十月下旬の日曜日に行われ、神輿は当日の午後に氏子区域を巡行する。

六請会だけでは神輿舁きの人数が足りないので、隣接する住吉大伴神社の谷口若中及び大将軍八神社若中会が「助《すけ》」（助っ人）として参加しているが、このような若中相互の助け合いは、昔からの伝統のようである。[三二] 六請神社付近には、住吉大伴神社（竜安寺及び谷口地区）や大将軍八神社（大将軍地区）の他に、花園今宮神社（花園、安井地区）、福王子神社（御室、鳴滝地区等）、木嶋神社（太秦地区）、山王神社（山ノ内地区）、春日神社（西院地区）などの旧村レベルの氏神社で神輿の出る秋祭りが行われている。これらの祭礼は十月の第二乃至は第三日曜日に集中しているが、花園今宮神社若中神輿会の長老B氏によれば、かつての祭礼は神社ごとに少しずつ日がずれており、近隣の神社氏子の若中が相互に助を行っていたとのことである（二〇〇九年十月十一日、花園今宮神社の祭礼準備にて聞き取り）。

四　若中の共通点及び特色

京都の祭礼を周辺部大型祭礼、中心部大型祭礼、周辺部中小規模祭礼の三つのグループに分け、それぞれの若中について述べてきた。それぞれ若中の共通点や特色をまとめていく。

（一）周辺部大型祭礼

福原敏男は旅所の成立事情についての定説を要約して、「後世に本社が主となり、御旅所は本社から神輿が渡御してとどまるところと考えられるに至ったが、元はその逆で、祭りの時御旅所に神が影向し本社に渡御するという神観念であった」とする〔福原　一九九五　八〇〕。福原によれば旅所とは祭礼の本拠であり、神を迎え送る旅所在地の人々は祭礼の中心であったと言えよう。稲荷祭や松尾祭の若中の村はこの旅所在地の人々の系譜をひく旅所付近の村の若中であり、若中の村と神輿との関わりは若中成立以前からの非常に長い歴史がある。であるならば、周辺部大型祭礼の若中にとっては、本社から旅所、旅所から本社に神輿を運び、神を迎え送ることが最大の役割となろう。現在でも稲荷祭や松尾祭の各社の神輿舁きたちは、それぞれの本社のことを「お山」と呼び、お山から神輿に載せて神を降ろし、旅所にとどまってもらい、またお山に還す、という表現を使う。

若中及びその村は神輿の維持、管理、場合によっては再建も主体的に担っている。祭礼に於いては、準備、運営、指揮から神輿舁きまで神輿渡御の全てに於いて中心的役割を担っている。

(二) 中心部大型祭礼

祇園祭や今宮祭の神輿渡御の担い手は何度も変遷を経ているが、一八世紀後半から一九世紀初めにかけて、氏子区域の特定の村、町の若中が神輿舁きを請け負うようになった。中心部大型祭礼では一八世紀に入ってから願舁によるトラブルが絶えず、神輿渡御の運営を任されていた轅町〔祇園会〕、神事行事町〔今宮祭〕の人々にとっては深刻な事態となっていた。そのために神輿渡御を無事に終えることができる技術や組織力を持つ神輿舁き集団が必要となったのであり、要望に応え得る氏子区域中の若中が現れたのである。稲荷祭も還幸祭に於いて中心部〔下京〕へ神輿が渡御するが、願舁の禁止令は出されておらず、早い時期から神輿元の若中による組織だった神輿舁きが行われていたと思われる。したがって、中心部大型祭礼の若中の主たる任務は、下京や西陣といった繁華な市中の神輿渡御に際して、願舁の妨害を防ぎ、無事に神輿を渡御させることであったろう。請負とは金銭を伴う契約であることを考えると、神輿舁きという行為がある種のビジネスとして捉えられるようになったのであろう。そのため中心部大型祭礼の若中に於いては神輿舁き集団としての半職業化、専門化が進んだ。

神輿の維持、管理については、轅町、神事行事町、近代以降は神社といった若中の拠点とは別の地域、組織が行っている。また、神輿渡御については、指揮、実働に限定された関わりを持つ。

（三）周辺部中小規模祭礼

祭礼の形は一～数ヶ村を氏子とする氏神の村落祭祀での祭礼であり、比較的狭い範囲の氏子区域全域に神輿を巡行させるものである。若中及び村は神輿の建立、維持、管理を主体的に担うとともに、若中は準備、運営、指揮、神輿舁きまで神輿渡御の全てを担う。祭礼に於いては村人たちからの応援や歓声に応える形で神輿を舁き、自分たちの村の祭りを盛り上げる役割を担っていたであろう。祭礼に特化した神輿舁き集団ではなく、祭礼が重要な任務の一つであるという一般的な若者組の性格が濃厚である。

（四）若中の類型化

周辺部大型祭礼、中心部大型祭礼、周辺部中小規模祭礼という分け方は、京都に於ける地理的な分布や個別具体的な祭礼の規模に基づいたものである。これを祭礼一般に通用する類型化を追求するために、それぞれの若中の本質について考察していく（表２‐１）。稲荷祭、松尾祭といった周辺部大型祭礼の若中は、遠方の本社の神を神輿に載せて自らの居住地周辺にある旅所に迎え、送る旅所在地の人々の役割を受け継いでいるところから「旅所在地型」若中と名付けたい。祇園祭、今宮祭などの中心部大型祭礼の若中は、願舁を排除、または包摂しつつ繁華な市

表 2-1　若中の類型

類　型	祭礼の種類	神輿の管理・維持	役　割	具体例
旅所在地型	周辺部大型祭礼	若中、若中の村	神を迎え、送る	稲荷祭、松尾祭
請負型	中心部大型祭礼	神社、他地域	市中巡行の無事（願舁対策）	祇園祭、今宮祭
村落祭祀型	周辺部中小祭礼	若中、若中の村	賑わいの演出	六請神社神幸祭、西院春日祭等

中を無事に神輿を渡御させることを請け負ったので、「請負型」若中と名付けたい。周辺部中小規模祭礼の若中は、自らの村の祭りを賑やかなものとする役割を果たしてきた。唱歌の「村祭り」で歌われるような村の祭りで神輿舁きを担当した若中であることから、「村落祭祀型」若中と類型化したい。(三三)

これまで述べてきたように京都周辺の若中は、その多くが近世末までに成立したが、旅所在地型、請負型、村落祭祀型という類型と、それに伴う組織の性格は近代以降にも引き継がれている。例えば第一章で、祇園祭に於いて三基の神輿の神輿舁き集団の変遷を論じたが、神輿舁き集団が稲荷祭や松尾祭に比べて比較的短期間で変遷したのは、祇園祭の神輿舁き集団が請負型若中であり、それぞれの担当する神輿との関係が請負という一種の契約関係であったからこそ可能となったのである。神輿との関係が密接である旅所在地型若中による稲荷祭や松尾祭、村落祭祀型若中による周辺部の中小規模祭礼では、ある神輿を担当する若中が変わるということは起こりがたいことであろう。

類型の違いは現在に於いても祭礼の様々な局面で顕在化する。例えば、二〇二〇年、二〇二一年は新型コロナウイルス感染拡大のため、京都に於けるほとんど全ての祭りの神輿渡御が中止となった。中止をめぐる動きにもそれぞれの神輿舁き集団の類型が関係したと考えられる。

祇園祭に於いては、三若神輿会幹事長吉川忠男氏はこの間の経緯を、「「今年は神輿を出さず境内での居祭り」の報が届いたのが四月下旬。コロナ禍で覚悟していたとはいえ、胸の掻きむしられるような思いであった」と述べるように〔吉川　二〇二〇b　七八〕、神社側が神輿渡御の中止を決定し神輿会に伝え、神輿会はそれに従うという形であった。稲荷祭では、神社は神輿を出す出さないの方針を提示せず、神輿元に対して、「出すなら五社の神輿全てで行う事」というこれまでの約束事を再確認したのみであったという。そこでまず各神輿元の総代会で神輿渡御の可否が話し合われた。その際、例えば中堂寺では中堂寺神輿保存会の会長が中堂寺の総代会に入っており、神輿舁き集団が神輿渡御の可否の意思決定に加わっている。各神輿元の総代会の意向は分かれたが、各神輿元の総代会会長六名による稲荷神事会で神輿渡御の中止が決定されたという（中堂寺神輿保存会C氏へのフェイスブックメッセンジャーでのインタビュー、二〇二一年三月一三日）。

松尾祭に於いては、二〇二一年は西七条御旅所に渡御する四基の神輿（四之社、宗像社、櫟谷社、大宮社）のうち、宗像社、大宮社は神輿をトラックに載せて本社と旅所を渡御したが、四之社、櫟谷社は神輿の代わりに唐櫃を使用してのトラック渡御であった。このことは、神輿を維持、管理しているそれぞれの氏子地域や各神輿舁き集団の意向が強く反映したことを示している。

つまり請負型の場合は、神輿渡御の可否は神社側の決定に従うという形になったのであり、旅所在地型の場合は、神輿を出すか否かについては氏子、神輿舁き集団が主体的に判断したのである。

小　結

若中は個別の村や町を存在基盤とし、その村、町の若者であるなら階層を問わず参加できる平等性を持っていた。

また、年齢階梯制に基づく統制の取りやすい集団であった。そして日常的に顔を合わす仲間集団でもあった。レイヴ、ウェンガーはとある実践に特化した様々な実践知の蓄積した集団を実践共同体と呼ぶ。新参者は実践共同体の実践の中で「仕事のプロセスの末端」を担うこと、すなわち「正統的周辺参加」により知識や技能を修得し、実践共同体の実践の中核にいる十全参加者へと移行する〔レイヴ、ウェンガー（佐伯訳）一九九三（一九九一）〕。祭礼に於いて若中の新参者は、献酒（寄付）集めの手伝い、飾り付けの手伝い、道具の運搬、新参者向けとされる舁き方などによる正統的周辺参加を行う。そして幾度もの祭りの経験から神輿の舁き方、神輿全体の動き、祭礼の歴史や意義といったものを修得し、十全的参加者へ移行していく(三三)。このことから若中とは神輿舁きに関する実践知が集積した実践共同体であると言えよう。レイヴ、ウェンガーは「実践共同体には歴史と発達のサイクルがあり、それ自体は、新参者が古参者に転身することが目立たない形で実践にとって必須となるやり方で再生産される」と言う〔レイヴ、ウェンガー（佐伯訳）一九九三（一九九一）一〇九〕。若中は「歴史と発達のサイクル」を繰り返す実践共同体であるからこそ明治維新以降の大きな社会的変動を乗り越え、形を変えながら現代まで続いているのである。このような組織原理を持つ神輿舁き集団の若中の成立は、序章で述べたところの神輿舁き集団の「近代」のはじまりであり、以降の展開は神輿舁き集団の「近代化」である。

どこの村や町にも存在した若中が神輿の巡行を取り仕切る形式は、神輿が出る祭礼を普及、伝播させたと考えられる。六請神社の氏子たちが安永二（一七七三）年に神輿を新造し新たな祭りの形を作り出したように、神輿を造り神輿の巡行を村の若中に任せれば、村中の氏子が楽しむことができる賑やかな祭礼を現出できるようになった。他の若中よりも見栄えよく神輿を舁きたいという対抗意識、身近な人々に晴れ姿を見せたいという自意識のもと、若中の面々は神輿の舁き方を創意工夫したり、より力強く神輿を舁くために試行錯誤したりしたであろう。若中によって神輿舁きが盛り上がることによって、人々は「おらが村（町）」の祭りに対する誇りを感じたであろう。そしてそのことが地域住民としてのアイデンティティ強化につながったであろう。地域に対する誇りや地域住民としてのアイデンティティは、例えば災害時には共助や自力救済が原則であったり、農作業等で共同作業が当たり前であった近代までの地域共同体には必要不可欠であった。つまり若中による神輿渡御は地域共同体の維持に欠かせないものとなったのである。

註

（一）近世期を起源とする一定年齢の若年男性によって構成された若者集団をどのように呼ぶかは、論者によって一致していない。民俗学では「若者組」と総称する場合が多く、学術用語として定着しているので、本書もそれに倣う。

（二）京都の神輿舁き集団の呼称には、若中の他にも若キ衆、若者中、若者仲ケ間、若衆仲間等があったが、これらの呼称は若中と意味上の違いが無いと思われる。また現在の京都では、若中の系譜を引きながら若中を名乗らない神輿舁き集団も存在するが、「若中」の呼称が多数を占める。以上のことから、本書に於いては若者組に由来する神輿舁き集団を総称して若中と呼ぶこととする。

（三）肥後和男の宮座研究については、近年、例えば市川秀之（二〇一一）のように自論を補強するために論を展開しているといったような批判がなされている。しかし、宮座と若者組との関係に限って言えば、本章で述べている井上頼寿が調査した事例からみて参照すべきであると考える。

（四）本図については本多健一（二〇一五）及び（二〇二二）、黒田一充（二〇二三）など近年、修正が相次いでいる。しかし本図が公共性が高い書籍に収められた最も普及した図であること、修正が本研究にとっては微修正であり、本研究の考察、結論に影響がないことから本図を採用した。

（五）中小規模祭礼が行われる神社はほとんどが「村の鎮守」であり、氏子区域と村域が一致する場合がほとんどであろう。それに対して大型都市祭礼が行われる神社は複雑な経緯を経て氏子区域を形成してきた。本多健一は「主要神社（及びその背景にあった寺院）が、「祭礼敷地」（祭礼を執り行うために、そこに居住している人々に課役が付加される空間）を人為的・強制的に設定したことによって住民の氏子意識醸成が促進され、その結果、一五世紀前半の室町期、ないし応仁の乱（一四六七〜七七年）の頃までに氏子区域が確定した」とする〔本田　二〇二二　二一〕。

（六）上社、中社、下社神輿は、神輿元の地域では「上ノ社」、「中ノ社」、「下ノ社」と呼ばれており、他地域の神輿舁きたちも神輿元の呼び名に従っている。

（七）神輿の数（五社）とそれを担う地域（六地区）の数をまとめて五社六郷という呼び方がなされることもある。

（八）五島邦治によれば、稲荷神社の旅所は天正十八（一五九〇）年に豊臣秀吉によって移されたもので、もともとは現在の旅所の北西約三百メートル辺りに位置していた〔五島　二〇〇四　三二〕。神輿元五ヶ郷の成立がいつであるかは不明であるが、旅所の移動によって古代から続いた祭礼の形が一旦リセットされ、新たな旅所を中心とする祭礼が始まり、それが神輿元五ヶ郷の成立に繋がった可能性を指摘したい。

（九）例えば、『高橋一男氏所蔵若山家文書』の「定」（正徳二（一七一二）年三月）には、稲荷祭下社神輿の「造営」を東塩小路村と中堂寺村が交替で行うことが定められている〔京都市　一九八一　四一一〕。

（一〇）『高橋一男氏所蔵若山家文書』「定」〔京都市　一九八四　四七〇〜四七一〕。

（一一）なお、『市川家文書』「祇園御神輿御修覆諸職方仕様直段積書帳（文政十三（一八三〇）年二月）」（京都府立京都学・歴彩館蔵写真版）によれば、祇園会少将井神輿の神輿修復の費用は轅町が負担している。市川家は少将井神輿の轅町であった御倉町で蝋燭商を営んでいた。

（一二）『東塩小路村庄屋要助村方諸事日記』。幕末期から明治初期にかけての若山家十九代要助守一とその養子要助喜一の日記である。

（一三）京都府立京都学・歴彩館蔵の活字印刷本である。同書の引用については、旧漢字は改めている。

（一四）戸邉優美によれば、若者組は「明治末期以降の政府による地方改良運動や、その後大正期を中心として結成された青年団」に吸収されたもの、青年団とは別の組織として併存したものがある〔戸邉　二〇二一　三七〜三八〕。近代以降、京都の神輿渡御で見られた若中も、日頃は青年団として活動しつつ祭礼時には神輿舁き集団となるものや、青年団とは別組織で神輿舁き集団に特化したものなど様々なものがあったと思われる。

（一五）福原敏男によれば近世中期の西七条には松尾櫟谷社旅所、松尾大宮（大政所）旅所、宗像社・衣手社旅所の三つの旅所があったが、松尾櫟谷社旅所と松尾大宮旅所は仁安二（一一六七）年の『山槐記』、『顕広王記』にその存在が確認できる〔福原一九九五　一五～二八〕。現在の西七条御旅所は四之社、宗像社、櫟谷社、大宮社の神輿及び月読社唐櫃が一カ所にまとまっている。二〇一九年までの松尾祭神幸祭では、旧松尾櫟谷社旅所付近（七条旧御前）に「松尾櫟谷大明神」の軸が掛けられた祭壇が設けられ、櫟谷社の神輿舁きたちによる拝礼が行われていた。かつて自分たちの「在所」に旅所があった事実を記憶するため、数十年前に始められたという（二〇二三年四月二十三日松尾祭神幸祭での聞き取り）。

（一六）日本祭礼行事集成刊行会編（一九八二）所収。

（一七）十五ケ町とは西七条東を細分化した近代以降の町々。中老とは四十歳以上に達した元青年会員である。

（一八）筆者は二〇〇三年～二三年の松尾祭に於いて櫟谷社神輿で参与観察を行った。

（一九）後述する本多健一（二〇一三）や、年代不詳『今宮神社文書』（京都市歴史資料館蔵写真版、整理番号五四七八　五八六）から「新門前村」ではなく、「門前村」であった可能性を指摘しておく。

（二〇）平安末期の「花鎮め祭り」に起源を持つ祭りである。「川上やすらい」と「上野やすらい」という二つの練衆が風流傘を携え、特定のポイントで「やすらい踊り」を演じながら、氏子区域を練り歩く。現在は四月第二日曜日に行われている〔紫野今宮神社HP「歴史」〕。二〇二二年にユネスコ無形文化遺産に登録された「風流踊」の一つ。

（二一）大宮郷は農村、鷹ヶ峰は山地にある農村であり、神輿舁きたちは日頃は農業や林業に従事する肩腰の強い者たちである。一方、安居院《あぐい》は西陣地区に位置し、神輿舁きたちは都市民であり、比較的肩腰が弱かったであろうという推測からの発言であると思われる。

（二二）この場合の町組とは一～六町程度で構成される祭礼に特化した町組であり、近世京都の自治組織の町組とは別である〔京都市　一九八〇　五九六〕。

（二三）日本祭礼行事集成刊行会編（一九七二）、一五八。

（二四）明治七（一八七四）年八月二十七日の「神事改正条約書」（『今宮神社文書』、京都市歴史資料館所蔵写真版）によれば、「先御神輿舁丁第一区内大宮方第三区内千本方」とある。「第一区」とは安居院を含む旧成逸《せいいつ》小学校校区であり、「大宮方」は大宮通り沿いの安居院地区の町々を指すと思われる。「第三区」とは乾隆《けんりゅう》小学校校区であり、「千本方」とは千本通りに沿った上西陣組花車十二町組の町々であろう。このことから先神輿の舁き手は安居院地区及び西陣西北端の町々から構成されていたと考えられる。ただし後には「千本方」が消え、安居院に統一される。明治二十四（一八九一）年六月三日の『日出新聞』「御靈祭の腕力騒ぎ」には今宮神社の神輿舁き集団として「安居院の若者等」が見える。

（二五）本多健一によれば、延享二（一七四五）年四月二十八日の触には、「前年の祭で彼ら（願舁）が暴れた結果、十数人が処分され、「頭取両人戸〆被仰付候」」とある〔本多　二〇一三　一八二〕。

（二六）御霊祭の三基の神輿のうちもともと天皇の鳳輦であったとされる二基（北之御座、南之御座）の飾りつけは、錺師が担当する。これは今宮祭、祇園祭とも共通し、神輿が神社の管理下にあることを示している。稲荷祭や松尾祭では神輿舁き集団が飾りつけの全てを行っている。

（二七）原田敏明によれば、「今日一般に氏神といっているのは、この各村にある村の社を指すのである。村びとの生活に最も関係の深いのは、この氏神といわれる村の神であり、氏神奉斎を中心として村の生活が営まれる。したがって氏神の祭は多くは村びとの手によって取り行われる」〔原田　一九七五　九一〕。

（二八）二〇〇八年～一九年及び、二三年の六請神社神幸祭に於いて参与観察を行った。

（二九）京都市（一九九三a）、四〇〇。

（三〇）周辺部の中小規模祭礼の若中は近代以降に青年団に移行したものも多かったと考えられる。例えば、北白川天神宮で近代に神輿を舁いていたのは青年団であった。「青年団というのは、若中会ができる前からずっと在って、白川村の世話役というか、消防とか警防とか水の見廻りなど、全部やって」いた〔北白川天神宮若中会　二〇〇二　四七〕。つまり、北白川では一九五〇年代に神輿舁き集団の再建が行われた際、青年団以前の若者組である若中の名称を復活させたのである。

（三一）他地域の祭礼の神輿舁きに助力に行くことを、京都の神輿舁きたちは「助《すけ》に行く」という。先に述べた稲荷祭の神輿舁き集団の東塩小路村若中も、新日吉社、地主社、三嶋社などの祭礼の神輿渡御に助力していた。このことから京都では近世末には、若中が他の祭りの神輿舁きに参加することは、一般的であったと考えられる。

（三二）福原敏男は近江や京都周辺に於ける一～数ヶ村の氏神の祭礼を「村落祭祀」と呼ぶ。本書も福原の表現に倣った〔福原　一九九五　八三～一二〇〕。

（三三）小笹弥太郎氏によれば、西院春日神社若中の新入りは、「祭の手拭売り」から始まり、「教科書もない神輿の組み方や、麻縄の結び方、手順」へと進むのであった〔小笹　一九九〇　二二五〕。「祭の手拭売り」とは、まさに状況に埋め込まれた学習による正統的周辺参加である。

第三章

都市周縁と神輿舁き

御霊祭末廣神輿（賀茂川右岸から大文字を望む） 2017 年 5 月 18 日 筆者撮影

はじめに

明治維新以降、京都では地域的にも社会的、文化的にも周縁に位置づけられた人々が、祭礼に神輿舁きとして参入しようとする姿が見られた。本章では周縁の人々の祭礼参入という事実を一つの社会現象として捉え、明治期に周縁の人々が神輿舁きへ参入しようとした姿を明らかにした上で、彼らが祭礼にどのような影響を与えたのか論じる。

中西宏次は、「京都という町の本質に迫るためには、中心部だけではなく、周縁部も含めて見ていくことが必須」であるとし、「そこに潜在する差別の問題も含めて京都を見ることによって、初めて京都の全体像が見えてくる」とする〔中西宏次　二〇一六　二三四〜二三五〕。中西宏次の言葉を借りれば、周縁から京都の祭礼を見ることによって、初めて京都の祭礼の全体像が見えてくることとなる。

一　京都に於ける周縁

都市に於ける周縁とは何か。福田アジオは江戸を事例に、周縁が歴史的にどのように出現し、都市にとってどのような存在であるかを述べる。福田によれば、文政元（一八一八）年、江戸市域を確定するため老中阿部正精によって示された「江戸朱引図」による裁定によって「御府内」が定められたが、同図には朱線（朱引）で示された御府内の内側に、町奉行所支配を表す黒線（黒引）も同時に示された。朱線（朱引）と黒線（黒引）の間には「江戸であって江戸でない、村であって村でないという中間的などちらつかずの地域」が現れ、江戸の周縁を形成した（福田 一九八九 一七六）。福田によれば、周縁の戸塚や落合には「ミロク浄土」という他界につながる富士塚や、あの世につながる荼毘所などの「異なる世界に入ることができる現実の空間」が存在した。そこは、「人々を解放する空間であったが」、権力の支配が十分に行き届かない「危険な空間」でもあった（福田 一九八九 一七八〜一七九）。福田の論を借りれば、周縁とはまず都市と農村の「中間的などちらつかずの地域」という地理的な意味を持つ。そして単に都市と農村の中間地点というだけではなく、都市や農村とは異なった地域性を持つ土地という含みも持つ。

大阪（大坂）や京都に於いて特徴的であるのは、近世に於ける「かわた」村の系譜を引く被差別部落や、近世には「非人小屋」が含まれた地域が、都市周縁形成の核となったことである。大阪の都市周縁については吉村智博が、「「かわた（穢多）」村」、「長吏・垣外（非人）」、「三昧聖（隠坊）」が「身分制社会に於ける統治機能」によって「都市からの周縁化」された地域であり、近代には被差別部落、寄せ場、スラムとして認識される地域となる。それらの地域は、「墓所、火葬場などの死にかかわる共同利用施設、塵芥処理場、屠場など食と排泄にかかわる衛生施設、避病院（コレラ患者などの専用病舎）や監獄など隔離収容施設、遊郭などの遊興施設」が前近代から存在し、または近代都市化の中で布置された地域であることを明らかにしている（吉村 二〇一二、二〇二二）。

京都については、横井敏郎が指摘するように、近世には「かわた」村も、「非人」を統制した悲田院《ひでんいん》の支配下にあった「非人小屋」を含む地域も、「基本的には洛外に、洛中の町組形成地域を取り囲むようにして置かれていた」（横井 一九九〇 九〇）。横井によれば、近代に入ると旧「かわた」村は「すべてそのまま「部落」として残っている」のに対し、「非人居住地区」は多くが消滅したが数か所に対する社会的な賤視は残っていた。「京都市が大きく発展

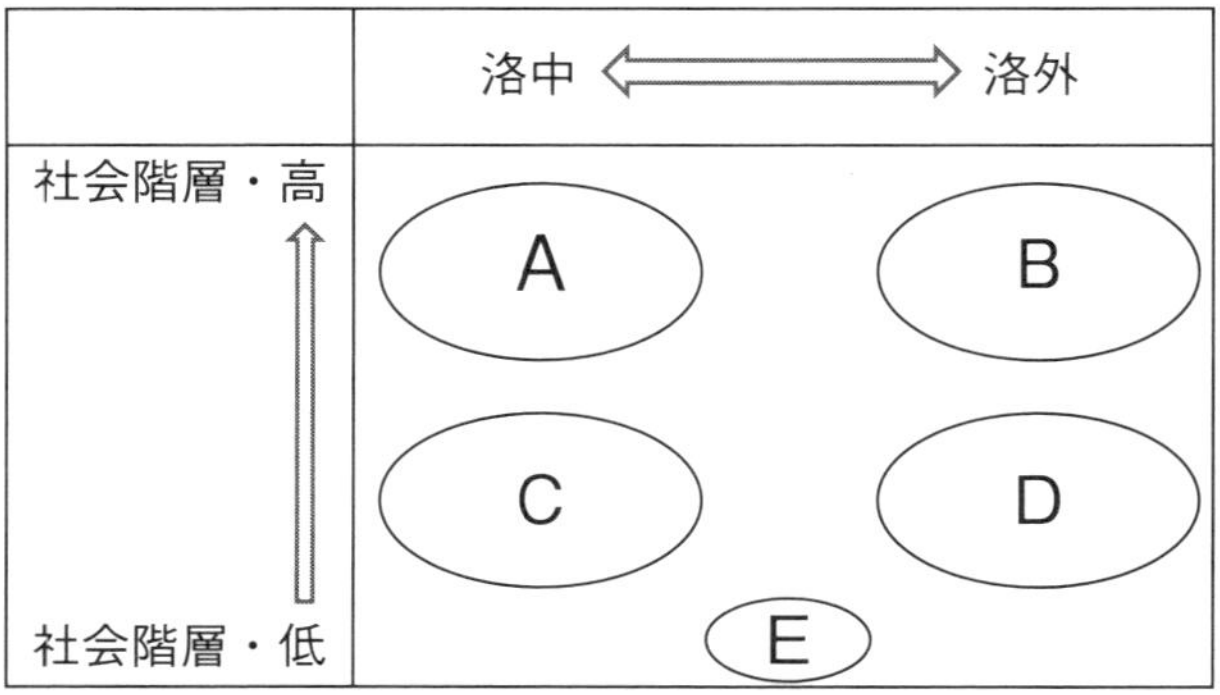

図 3-1　近代京都の地域と住民構成

し始める前（日露戦争以前）」には、それらの「部落」と「貧民窟（貧民集住地区）」は、「市域の周縁部に所在していた」〔横井　一九九〇　九〇～九二〕。横井の表現では、「貧民たちは富裕な市街（旧洛中）に入ることはできず、外へ押し出されていた」ことになる〔横井　一九九〇　九〇～九二〕。杉森哲也は横井の研究を再検討する中で、京都の「貧民窟（貧民集住地区）」の一つである一貫町を事例にして、洛中の入口にあること、「非人小屋」が存在すること、木賃宿が存在し都市下層民が滞留すること等の特徴を持つ地域を空間的、社会的「周縁地域」と呼んでいる〔杉森　二〇〇八　三四二～三五三〕。

横井や杉森の研究を踏まえて、近代京都の地域の社会階層、地域構成を概念図化すれば図３‐１のようになる。

Ａは西陣や下京といった洛中に自宅兼店舗を所有し、商工業を営む家持層である。Ｃは洛中の路地の裏借家等に住む店借層であり、零細な商工業者や商店の奉公人や職人などである。Ｂは洛外に広大な農地を所有する有力地主層や洛外に形成された町の有力な商工業者が中心である。Ｄは洛外農村の中下層農民、洛外の町に住む中下層の商人、職人、奉公人などである。そしてＥは洛中と洛外の境界に位置するが、そこには被差別部落や都市下層の集住地区があった。

A～Eを氏子に含むのは、祇園社（八坂神社）、今宮神社、上御霊神社などである。それらの祭礼に於いて神輿渡御はどのように執行されたであろうか。例えば祇園祭の少将井神輿では、Aに位置する轅町の人々が神輿渡御を経済的にも運営面でも支え、そして主としてDの中位層に位置する三条台若中が神輿舁き集団として神輿渡御を請け負い、Cの低位層及びEを含む人々からなる願舁を集めて神輿を巡行させてきた。二章で取り上げた近世の今宮祭では、Aに位置する神事行事町の人々が神輿渡御を差配しつつ、主としてDに位置する大宮郷、鷹ヶ峯の若中が神輿渡御を担った。しかしEに含まれる「かわた」村や「非人小屋」の人々は、今宮社の氏子区域内であっても氏子として認知されず、神輿渡御から排除されていた。

E（周縁）の人々は近世京都の大型都市祭礼、とりわけ神輿渡御の場に於いては主体的に神輿舁きに関わることはなく、排除の対象ともなりえた。しかし旧「かわた」村の蓮台野村（後に野口村）や、「貧民集住地区」であった鞍馬口村、及び若竹町（寺裏）[一]は、明治以降に京都を代表する大型都市祭礼での神輿渡御への参入に著しい動きを示すようになる。祇園祭、今宮祭、御霊祭は京都を代表する都市祭礼である。その神輿は権威や富の象徴であり、その神輿を舁くことは自らの威信につながる。蓮台野村、鞍馬口村、若竹町の人々はそこへ挑戦したのである。

二　蓮台野村と今宮祭

（一）　蓮台野村の歴史

蓮台野村は、近世に於いては六条村の枝村であり、牢屋敷の番役、行刑役などに従事させられた役人村であった。

朝廷との関係も深く、年寄を中心に禁裏の庭掃除役である小法師役を勤めた。はやくから身分解放、平等に関する意識が高く、慶応三（一八六七）年に年寄が「穢多」身分からの離脱を意図した身分取立ての嘆願を行った。また教育にも熱心な村であり、寺子屋では読み書きそろばんに加えてドイツ語も教えられたという。寺子屋は明治六（一八七三）年には蓮台野校、のちに楽只小学校へと発展した。明治八（一八七五）年の町村合併により蓮台野村は西紫竹大門村と合併、同村蓮台野区となる。明治十七（一八八四）年、西紫竹大門村は鷹ヶ峰村と改称された。明治二十二（一八八九）年の市制、町村制公布とともに全国的に市町村合併があいついだにも関わらず、蓮台野区は明治二十五（一八九二）年、野口村として分離独立した。[二] 愛宕郡鷹峰村長松野知次郎より京都府知事北垣国道に提出された「明治二十四年五月四日分離ニ関スル上申書」によれば、「抑蓮台野区は古来穢多ノ一部落ニシテ、戸数弐百有余戸、多クハ古来ノ因習ニ依リテ下駄表ヲ製スルノ職工者タリ。（中略）鷹峯区ニ於テハ古来商業ヲ以テ成リ、汎ク世上ニ往来スルヲ以テカ稍世態ニ通スルノ風アリテ、（中略）斯ニ於テカ相互ノ情誼益疎《ママ》遠トナリ、其極ヤ遂ニ意外ノ軋轢ヲ来シ、時々事々円滑ナラサルニ至ル。」とある。[三] 鷹峯区（本村）は「世態ニ通スルノ風」ある地域であるのに対し、蓮台野区は「古来ノ因習」の見られる「穢多ノ一部落」であるという表現に差別意識が窺える。

（二）蓮台野村と今宮祭

一八世紀初頭に作成された『京都御役所向大概覚書』[四] によれば、今宮神社の氏子区域は「東ハ西堀川限（但、一條ゟ北ハ、小川通の西側限）、西ハ七本松通限、南ハ二条御城番北之方御屋敷迄、北ハ千束村上限」とあり、蓮台野村はおよそ西北の境界の内側にあることがわかる。しかし近世を通じて氏子としては認められてこなかった。

明治四（一八七一）年八月の「解放令」及び、同年から行われた公的な「氏子調」以降、各地の被差別部落民は地域の神社の氏子であるとの認識を持った。近世以前から当該神社とのつながりの強い場合には氏子であることを再確認した。そして、祭礼への参加を求めるようになる。蓮台野村についていえば、少なくとも近世後期には皮革関連産業などで蓄えた経済力を背景に、今宮祭に何らかの関わりを持とうとしてきた。近世に於ける今宮祭と蓮台野村の関係は小林丈広（一九九三）が論及している。以下、小林（一九九三）を参照しつつ、近世に於ける今宮祭と蓮台野村との関わりについて見ていく。

『今宮神社文書』「太鼓一件次第留置」（京都市歴史資料館所蔵写真版）によれば、安政三（一八五六）年四月晦日の「神輿払」の際に、今宮神社西口鳥居の辺りで「閻魔前町之若者共」（五）が「蓮台寺《ママ》村之者共」にわざとぶつかり、それから大喧嘩となった。夜には「（蓮台野）村方者共徒党ヲ致」し、閻魔前町に押し寄せ大騒ぎになった。今宮祭の際に蓮台野村の者が太鼓に触れたことが騒ぎの原因である。そこで中井十右衛門（不明）が、「鷹ヶ峯」、「紫竹」（大宮郷）、「京方」の「神輿方根判」（六）から事情を聞いた。この件について、今宮社神主佐々木近江守等が安政三（一八五六）年九月に西町奉行所に提出した「口上書」（『今宮神社文書』「太鼓」（京都市歴史資料館蔵写真版））がある。この文書は、「社役人其侭差置来」という表現が複数回みられる。つまり神社側が望ましくない状態を黙認、放置してきた結果、揉め事が起こったという認識が感じられ、奉行所への言い訳を立てるためか、時間的経緯が非常にわかりにくく書かれているが、要約すると事の経緯は以下のようであった。

先年（年代不詳）小太鼓四基の修復を今宮神社が蓮台野村に命じ、蓮台野村は太鼓の修繕を無料で行った。これをきっかけに太鼓の巡行（この時は太鼓を舁いていた）に、蓮台野村の人々が参入するようになった。もともと太鼓の巡行を請け負ってきた「神輿舁請負方之者」から差し出された人足たちがこれを嫌がり出てこなくなり、蓮台野村の者だけとなっている。

文化十四（一八一七）年に蓮台野村は小太鼓の修繕を命じられた。しかし蓮台野村ではその時には小太鼓の修復ができなかったので、村が持っていた大太鼓の「古胴」を奉納し、さらに太鼓の巡行の際の人足料も差し出すこととなった。

天保十（一八三九）年には、神社が雇っていた太鼓舁きの人足への出費を節約するとともに太鼓の破損を防ぐため、太鼓を車で牽かせるようになった。神社が雇った人足は太鼓の扱いを知らず、任せておけないということで蓮台野村の人々が混じるようになった。神社雇の人足の賃銭も蓮台野村が負担し、結果、太鼓のメンテナンス、購入及び太鼓の巡行など太鼓についての一切は、蓮台野村が差配するようになった。

安政三（一八五六）年、蓮台野村の太鼓の巡行について、神社側は「不浄之もの神事之節、列中江入交リ不申様仕度奉存」ので、氏子らと相談し、太鼓の修繕は蓮台野村に申し付けるが、修繕料については神社や氏子が負担し、太鼓巡行のための人足は元の通り氏子講中神輿舁請負方之者が差し出すこととなった。もし人足が不足した場合は神社が雇うが、その場合の賃銭は大宮五辻下ル町の大文字屋喜六、同町菱屋茂兵衛が負担することとなった。

以上の経緯からは、蓮台野村の人々が生業であった皮革業の技術を活かした太鼓の修繕をきっかけにして、今宮祭に粘り強く参入しようとした様子と、それに対して太鼓の巡行をもともと請け負っていた氏子講中神輿舁請負方之者が、喧嘩を吹っ掛け揉め事を起こした末に、今宮社と交渉しながら蓮台野村の人々を排除した様子がわかる。なぜ氏子講中神輿舁請負方之者が蓮台野村の者を排除しようとしたのか。勿論、そこには差別意識が作用したのであろうが、ことはそれだけに留まらないと思われる。小林丈広は、「大局的にいえば、身分は低くとも経済力を背景に神事に対して影響力を持ち始めた蓮台野村に対して、旧例に復帰することで、その勢力を押さえつけることを意図し、神社と氏子側はほぼその意図を達成したことになるのであろう。」と総括する〔小林　一九九三　二〕。小林が言うところの「勢力を押さえつける」とは具体的にはどのようなことを指すのか。村山弘太郎によれば、近世の今宮祭に於いて「神輿舁請負方および神輿舁人足は神事行事町より下位の扱いを受けている。むしろ、給金が明記され、神事行事町の指示のもと「大切ニ相勤」め「不埒成仕方」があった場合には残金を受け取らない、という文体は人足の請状に類似するものがある。」という状況であった〔村山　二〇一六a　一四〕。神輿舁請負方や神輿舁きたちにとって、太鼓の巡行を請け負い、太鼓を舁いたり牽いたりすることは賃金が発生する営利とも言え、一種の既得権益とも言える。彼らにとって、無料で太鼓を修理したり、祭礼時に太鼓の「列中江入交」る蓮台野村の人々は、自分たちの既得権益を脅かす目障りな存在であった。つまり、蓮台野村の太鼓からの排除は、神輿舁請負方や神輿舁きたちによる既得権益の防衛とも解釈できる。

(三) 明治二十一年の「大喧嘩」

神社や氏子たちは祭礼から蓮台野村の人々を完全に排除することはできなかった。なぜなら太鼓ではなく神輿にも蓮台野村の人々が、寄って来たからである。第一章で述べたように、近世後期の京都の都市祭礼では勝手に神輿に寄ってくる願舁が目立つようになっていた。「解放令」直前の左記の文書（『今宮神社文書』「明治四年雑記並御布令写」京都市歴史資料館所蔵写真版）には蓮台野村の人々や「非人小屋」の住人が願舁として現れる。

願書

来ル十五日今宮御神事ニ付、我等御輿人数引請仕候処、右御当日北野下之森小屋之者、内野二番町小屋之者並蓮台寺村

穢多之者共御輿取掛り、年々甚困入候ニ付、何卒右三ヶ所者共御当日罷出不申様御取締之程、偏ニ奉願上候　以上

明治四年辛未五月

惣代丸木徳兵衛（印）

根判

上三組　御神事御行事衆中

彼らは神輿に入り、神輿舁きたちを「甚困入」らせる願舁であった。理不尽な扱いを受けながらも祭礼に関わろうとしてきた蓮台野村の人々にとっては、願舁という行為は何よりも神との結縁であり、仮令、他の氏子や神社からは認められなくとも、今宮社の氏子という実感を得るものであったろう。

その後も蓮台野村（蓮台野区）の人々に対する神輿舁きからの排除は続いた。『大阪朝日新聞』「京都通信」明治二十一（一八八八）年五月十八日付及び同日付『日出新聞』によれば、明治二十一（一八八八）年五月十五日今宮祭還幸祭で蓮台野区の人々が神輿を襲い、神輿舁きたちと大乱闘となった。以下、引用する。（記事中の句読点は筆者が付けた）

『大阪朝日新聞』

一昨十五日、今宮神社の祭禮につき大喧嘩ありし。次第を尚能く聞くに、往昔同神社の神輿（大宮と稱するもの）は、愛宕郡東紫竹大門村の壮年輩が舁くの例なりしに、維新後彼穢多の稱號を廢せしより、同郡鷹ヶ峰村字蓮臺野（舊穢多村）の人民等も同く氏子の者なれば、共に神輿を舁かせ貰はんと、種々打合せありしも、之を舁すは神に對して不敬なりとて拒絶なし、爾来年々夫等の為紛議の生じることもあり。左れば同日午後八時頃、第三の神輿が東紫竹大門村字追

分と云ふ處まで來りし折柄、豫て不平のある蓮臺野の人民凡五十名、各々瓦礫を携へて出來り、神輿を見掛て投付たり。紫竹大門村の神輿舁は之を支へんとて、神輿を畑中に下し遂に双方亂擊に及び、護衛の巡査數名が之を制せんとするも、其勢ひ當るべくもあらず。喧嘩は益々盛んになり、血を見ざれば治り難き有様なれば、巡査は急を上京警察署及び田中警察署へ報ぜしを以て、両警察署より應援の爲數十名の警部巡査派出し、双方を取鎭めしにぞ。漸く翌十六日午前三時頃、神輿を今宮神社に舁き入るゝに至りしが、右の喧嘩により、蓮臺野の○○富之助（四十一年）○○勇次郎（六十三年）○○かな（六十年）の三人は重傷を蒙り、生死も計り難き程にて。其他輕傷を受たるは、同地の者に七八名、大門村の者に十二三名ありしが、何分夜間の事なれば兇行者も分明ならず。今尚、取調中なりと。

『日出新聞』

（略）渡御の神輿は三基なるが、昔時より此神輿の内一基は同神社の氏子なる、愛宕郡鷹ヶ峯村字蓮台野といへる新平民の居村より舁く事の習慣なるが、近来、他の氏子中より此新平民に舁かせることを拒みて、今は三基とも町方の氏子にて舁くとなりし。然るに蓮台野にては之を大いに不満とし、早晩復讐なさんと待居たるものと見え、一昨日午后七時頃第一第二の神輿が蓮台野の東手通行する時、新平民数十人が小石を拾ふて渡御を妨害したれど、辛ふじて第一第二は通り抜けしが、第三神輿が渡御する際、四五十人の男女が出来たりて、（以下略）

記事からこれはただの乱闘でないことがわかる。乱闘が起こった場所は旧大宮郷上野村の入り口であり、神輿舁き達の地元で騒動を起こしたことになる。命も危うい重傷を負った○○勇次郎、○○かなは還暦を過ぎた老人であり、○○かなは女性であろう。還暦の女性までが参加し、瀕死の重傷を負う「大喧嘩」であった。とりわけ注目す

写真 3-1　今宮祭太鼓
2023 年 5 月 5 日　筆者撮影

べきなのは、「瓦礫を携へて出来り、神輿を見掛て投付たり」という行為である。これまで今宮祭に参加するために様々な動きを見せていた蓮台野区の人々が、神輿に対してこのような挙に出たことは、切実に訴えたい「何か」があったことを感じさせる。

第二章で述べたが、今宮祭の神輿舁き集団は近世後半から現代に至るまで、地域的には変わっていない。すなわち、明治二十一（一八八八）年五月十八日の大阪朝日新聞の記事に登場する「愛宕郡東紫竹大門村の壮年輩」[七]は、安政三（一八五六）年に蓮台野村の人々を太鼓巡行から排除した神輿舁請負方や神輿舁きたちとは、近い者たちであったろう。『日出新聞』にあるような蓮台野村が神輿を舁く「習慣《しきたり》」が最近に拒絶されたという事実はないが、もしかしたらこれは太鼓舁き、牽きからの排除と紛れているのではないか。太鼓の一件は○○勇次郎や○○かなのような年配の人々にとっては、記憶に刻まれた事件であったと思われる。であるからこそ、「之を舁すは神に対して不敬なりとて拒絶」された際の怒りはいかばかりのものがあったのだろうか。

明治四（一八七一）年の「解放令」以降、各地の被差別部落民は神輿舁きへの参入を要求し、紛争が起こった場合は訴訟などで解決してきた。従来の部落史研究はこの一連の動きを解放運動の萌芽ととらえる。白石正明は、京都では明治十年代になると被差別部落民が祭礼参入を要求するようになり、その解決に十四、五年かかっている、とする〔竹森・廣岡　二〇一五　一六二〕。ただし、旧蓮台野村（野口村）の人々が今宮祭の神輿舁きに参入することはなかった。それはなぜか。

白石が言うところの祭礼は氏子区域全域から神輿舁きが出る中小規模祭礼であり、神輿舁き集団は第二章で述べた村落祭祀型若中である。「解放令」による身分の撤廃、平等の確認によって、氏子区域の若者全体で舁く神輿から被差別部落の若者を排除する理由がなくなったのである。(八) それに対して、今宮祭の神輿舁き集団は第二章で述べた請負型若中であった。神輿舁きについては氏子区域中の特定の村、町の若中が請け負っており、氏子全員が参加するという原則で行われていなかった。蓮台野区からの神輿舁きへの参入の要求の拒絶についても、「この神輿は〇〇村の若中が請け負ってきた」という論理が前面に出ていたと考えられる。そして、現在の今宮祭で旧蓮台野村に相当する地域の人々が担当しているのは「車太鼓」である。近世末に排除された太鼓の巡行を再び担当していることから、祭礼の参入そのものについてはいずれかの段階で果たしたことになる。

三　鞍馬口村と御霊祭

（一）鞍馬口村の歴史

愛宕郡鞍馬口村は、京の七口に数えられ、京都の北東から洛中への口の一つ鞍馬口の西側、寛文年間（一六六一～七三年）に築かれた寛文新堤と御土居の間の狭い区域に、南北に細長く延びた村であった。立地上、賀茂川からの水害に常に脅かされた村である。京都市（一九九三b）によると、『元禄郷帳』には村名が見えず、『天保郷帳』で初めて立項された。同帳によれば代官角倉氏が管轄する幕府領であった〔京都市　一九九三a　五九三〕。

明治二十（一八八七）年に鞍馬口村戸長尾川善次郎が記した鞍馬口村の沿革（九）によれば、鞍馬口村は「従前ヨリ五部ニ区分、当村村内限リノ町名ヲ附シ、北之壱部ヲ松並町、其第弐ヲ稲荷町、第三ヲ俵町、第四ヲ上末広町、第五ヲ下末広町ト」称すとし、松並町、稲荷町の住民は寛文十一（一六七一）年に「御土居御普請」のために寺町今出川上ルより移住、俵町は宝永五（一七〇八）年に田中村から移住とする。上末広町、下末広町については、「宝永五戊子年迄愛宕郡吉田村但荒神口東手ニ住居罷在候処、仝年京都大焼ノ節、禁裏御所御普請御用地ニ相成、因之為其替地」移住してきた人々が形成したとしている。村には水田がほとんどなく農地も少なかったので、農業以外の「種々陋業」をなしたり、「零落ノ者」や「無宿」に「小家」を貸したことから村の風紀が乱れ、「何ノ時代ヨリカ」、「悲田院ノ支配」を受けるようになったとする。

明治十四（一八八一）年から十七年にかけて京都府が作成した『京都府地誌』によれば、明治以降の鞍馬口村は二三六戸中農業が五十六戸、その他が雑業に携わる困窮者であり（一〇）、京都の周縁の一端を形成した（一一）。大正七（一九一八）年に京都市に合併され、その後都市化の波を受けて住宅地化し、住民の多くが入れ替わった。

村人たちの困難な生活状況や村に対する社会的な差別にも関わらず、鞍馬口村は本章で取り上げた他の事例よりもかなり早い明治十三（一八八〇）年から御霊祭で神輿を舁くようになる。

（二）御霊祭の概要

上御霊神社は「八所御霊」（崇道天皇、井上内親王、他戸親王、藤原大夫人、橘大夫、文大夫、火雷神、吉備聖霊）を

写真 3-2　御霊祭北之御座、中之御座、南之御座（京都御所）
2023 年 5 月 18 日　筆者撮影

祭神とし、京都市上京区の東北端に位置する。[一二] 本多健一は、上御霊神社及び下御霊神社の起源は出雲郷の「上里」・「下里」の出雲氏の氏寺である上出雲寺・下出雲寺であり、平安期の御霊信仰の影響を受けた結果、神社として成立したと推測する。本田によれば、上御霊神社及び下御霊神社がそれぞれ単独で登場するのは、『吉田家日並記』（『大日本史料』所収）の応永九（一四〇二）年正月二日条である（本多二〇一三　六三〜六四）。氏子区域は京都市上京区東部と北区南東部に及ぶ範囲であるが、明治以前の禁裏や周囲の公家屋敷が同社の氏子区域に含まれ、天皇家や多くの公家たちの氏神であった。

　御霊祭は『上杉本洛中洛外図屏風』に祇園祭とともに描かれる京都に於ける代表的な都市祭礼である。屏風には現在の神輿とは違った神輿が描かれている。現在の御霊祭は「南之御座」、「北之御座」、「中之御座」の三基の神輿が氏子区域を巡行する（写真3-2）。最も古い南之御座は、文禄五（一五九五）年、後陽成天皇から先代正親町天皇の鳳輦が上御霊神社に下賜され、神輿に改造したものである。鞍馬口通り沿いに村落が広がっていた旧小山村を拠点とする小山郷神輿会によって巡行が担われている。北之御座は元和五（一六一九）年の後水尾天皇即位の際、先代後陽成天皇の鳳輦が下賜され、神輿に改造したものである。京の七口の一つで若狭街道につながる大原口（今出川口）、出町商店街周辺を拠点とする今出川口京極神輿会によって巡行が担われている。これらの二基の神輿は近世から御霊祭の神輿として巡行していたが、中之御座は明治前期に御霊祭に加わった新しい神輿であり、神輿舁きは旧鞍馬口村域の現在の住民からなる末廣神輿会が受け継いでいる。御霊祭の他の神輿舁き集団が「小山郷」、「今出川口」と地名由来の名称を名乗っていることから、「末廣」とは鞍馬口村の上末広町、下末広町という町名に由来していると考えられる。[一三]

（三）末廣神輿のはじまり

末廣神輿については京都府神社庁ホームページに、「明治十年（一八七七）元貴船社より奉納」とある（京都府神社庁ＨＰ「御靈神社（上御霊神社）」）。[一四]また上御霊神社発行の広報誌『ごりょうさん』第二号（二〇〇六年四月二十日）掲載の文中に「末広は明治十年（一八七七）当時上京区上小川町にあった貴船神社より奉納とあります」とあり、明治十（一八七七）年に貴船神社から奉納されたという説が通説となっている。しかし、明治十二（一八七九）年製作とする説もある（小栗栖　一九八三　二〇四）。上御霊神社配布の栞『令和元年　御靈祭』には「明治十二年（一八七九）、元貴船社より当社に寄進された御神輿です。」とある。『上・下京區神社明細帳』所載「御霊神社」の「境内神社」の項目に「貴布祢神社」が見える。由緒には「府廳ノ命ニ因テ明治十年十月九日上京區第九組上小川町ヨリ遷座仕候」とあり、現在も上御霊神社境内に小祠が存在する。末廣神輿は明治十三（一八八〇）年から御霊祭に出た。[一五]

先に述べたが、御霊祭の神輿は近世期には現北之御座及び南之御座の二基であった。「出雲寺八所御霊社依及大破奉捧奏書旨数之事」[一六]によれば、正保二（一六四五）年当時、「出雲寺八所御霊社」（上御霊神社）には八所御霊が左右の「御本社」に各「四座」祀られていた。「御輿」は「二社」となっており、左右の「御本社」に対応したものであったろう。御霊祭の神輿が二基であったことには理由があり、他社から古い神輿を預かったからといって神輿を増やす必要は無い。

現宮司小栗栖元徳氏によれば鞍馬口村の人々から貴船神社より預かった神輿を舁かせて欲しいという「願い」が神社に出されたという（二〇一九年二月二十日、聞き取り）。

五月十八日の御霊祭（還幸祭）の巡行路は複数のパターンがあり、年によって変わる。いずれの年の祭礼でも旧

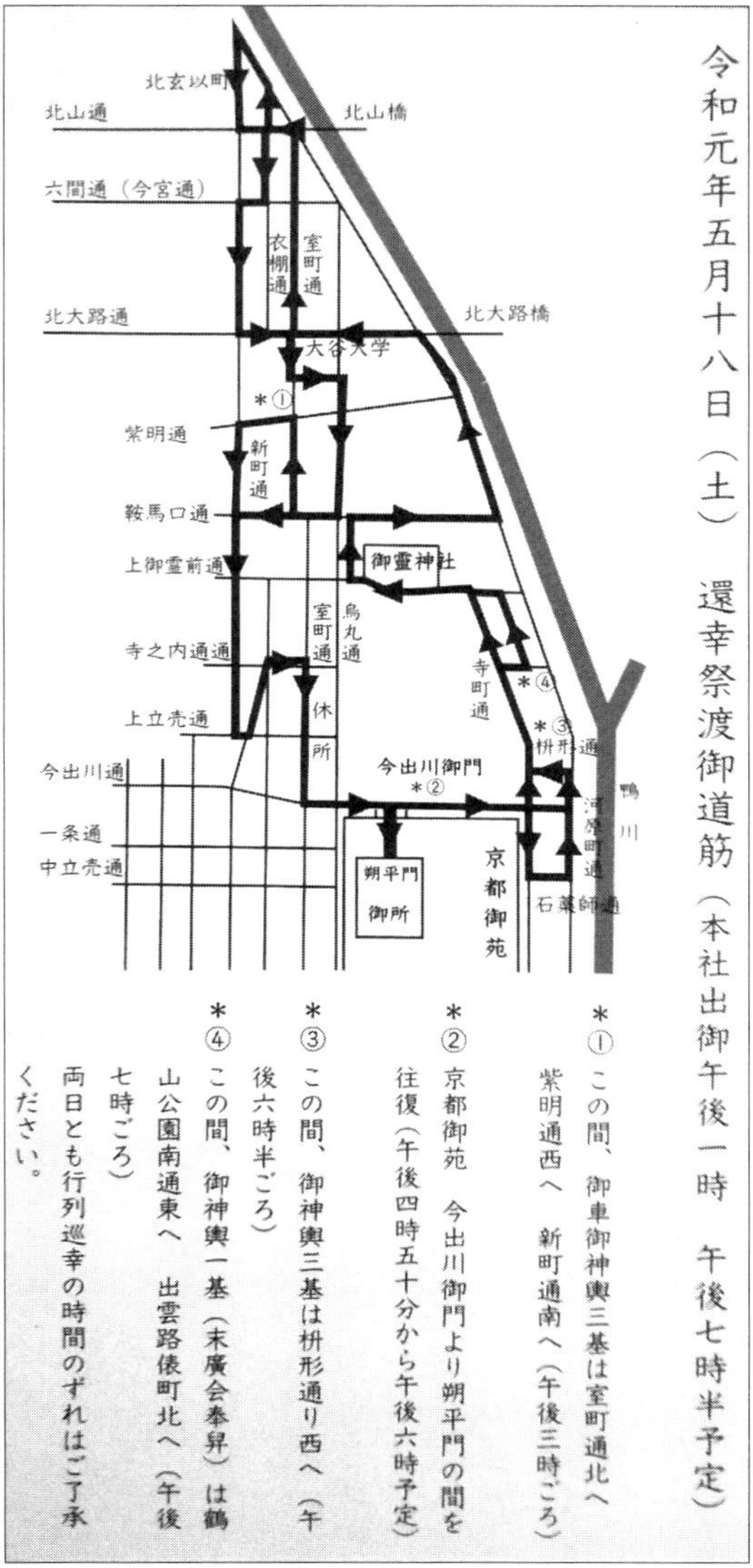

図 3-2　令和元年（2019 年）5 月 18 日（土）御靈祭渡御道筋（一部）

鞍馬口村域を除く氏子区域へは末廣神輿を含む三基の神輿が揃って巡行するが、旧鞍馬口村域を巡行するのは末廣神輿だけである（図３-２の「＊④」）。このことから、末廣神輿が御霊祭に加わったのは、鞍馬口村の人々が、それまで実現していなかった自分たちの村への神輿巡行を実現するためではなかったかと考えられる。

祭礼の際の神輿の飾り付けについては、南之御座、北之御座は神輿舁きたちではなく錺師《かざりし》が担当するが、末廣神輿については末廣の神輿舁きたちが行う。神輿に取りつけられている小鳥居の額は現在、「御靈神社」と記されているが、もともと「末廣」と記されていたとのことである（二〇二一年四月十八日、二二年四月十七日、二三年四月十六日の祭礼準備での参与観察及び聞き取り）。神輿巡行中に末廣神輿が最も激しく舁かれるのは、旧鞍馬口村南部にある末菊大神前である（写真３-３）。激しく神輿を舁いた後、舁かれた後に神輿は同社の前に停留するので、同社は旅所の趣がある。(一七) かつては旧鞍馬口村北部にある七折稲荷の前でも同様に神輿を激しく揺らしたという(二〇二二年五月十八日の祭礼での聞き取り)。他の二基に旅所を連想させる場所はない。御霊祭の他の神輿舁き集団（小山郷、今出川口）は、前章で述べた請負型若中のそれに近いと思われるが、自ら神輿を飾り、自分たちの「村」に神輿を巡行させる末廣に関しては村落祭祀型若中に近い。この違いは伝統的な御霊祭に鞍馬口村の人々による「新しい祭り」が付け加えられた痕跡であろう。神輿を舁かせてくれという鞍馬口村の人々の「願い」とは、単に神輿が舁きたいというものではなく、自らの村が神輿を持ち、そしてその神輿を自らの村に渡御させたいという熱意と行動を伴うものであった。

先に述べたが、鞍馬口村が新たな神輿を舁くこととなった発端には、神社に願いを出して聞き入れられたという手続きがあり、神社側にも新たな神輿を必要とした事情があったと推察する。末廣神輿が御霊祭に参加した明治十三年前後は、上御霊神社にも大きな変化が起こっている（表３-１）。

写真 3-3　末菊大神前
2023 年 5 月 18 日　筆者撮影

表 3-1　明治十年前後の上御霊神社

年	出来事
明治六（1873）年	四月、郷社と定められる。
明治十年	この年までに三社明神を松木家より預かる。
	二月、明治天皇京都に滞在。上御霊社に千円、下御霊社に七百円寄付。
	十月、貴船神社（上小川町）遷座、同社神輿は上御霊神社に奉納。
明治十二年	八月三十一日、嘉仁親王（後の大正天皇）誕生。この時点では明治天皇の唯一の男子。
	この年、一説によると末廣神輿が修繕された。
明治十三年	五月、御霊祭にはじめて中之御座（末廣）神輿が出る。
明治十四年	六月、府社に昇格。
	十月、三社明神、和光明神、相殿へ遷座。

上御霊神社には明治前期に祭神として新たに三社明神、和光明神が加わり、相殿に祀られた。三社明神とは、霊元天皇の第一皇子一宮（後の済深法親王）の母、中納言典侍局、外戚の小倉実起、小倉公連、小倉（竹淵）季判であり、延宝九（天和元）（一六八一）年に起こった皇位継承を巡る朝廷の内紛である小倉事件に関連する人々である。(一八)和光明神とは、光格天皇の掌侍であった東坊城（菅原）和子である。東坊城和子は、文化八（一八一一）年四月に第三皇女を出産すると同時に母子ともども死亡したが、猪熊兼繁によればその死については謀殺説があった〔猪熊一九六八　九六〕。明治十七（一八八四）年に上御霊神社宮司小栗栖元辰が記述した由緒（『上・下京區神社明細帳』、京都府立京都学・歴彩館所蔵写真版）によれば、三社明神は小倉事件と関連が深い公家の松木家が邸内に祀っていたが、明治十（一八七七）年から始まる京都御苑整備事業に際して松木家が屋敷を政府に返上した際、同神体を上御霊神社に預けたという。和光明神は光格天皇の典侍で仁孝天皇の母、勧修寺婧子の実家である勧修寺家で祀っていたが、同様の理由で上御霊神社に預けられた。明治十四（一八九一）年には、明治天皇の意思として宮内省より正式に祭祀を依頼された。猪熊によれば、「明治天皇の後宮では皇子の御誕生はあっても成長されなかった。京都在住の冷泉為紀はじめ旧公家たちは、これはやはりあの霊社（和光明神：筆者）のたたりかも知れないと言い始め、この霊社のお祭を再興してその神霊を御所の産土神である上御霊神社に移した。そして東京のお内儀からもお使いがきて祭られた」という〔猪熊　一九六八　九七〕。上御霊神社は天皇家や公家にとって古い御霊神を祀るだけでなく、新たな御霊に対する御霊社の機能を、明治前期に至るまで引き受けていたのである。(一九)

一連の出来事から、明治十年から十四年頃にかけて、上御霊神社では新しく付け加わった神をどのように祀るか、という問題が発生したと考えられる。新しい神輿に新しい神々を載せて巡行するという構想がなされた可能性を指摘しておきたい。なお、末廣会最古参会員A氏やB氏によれば、末廣神輿にどのような神を載せているかについては秘事であるという（二〇一九年五月一日聞き取り）。末廣神輿は特別な神の神輿であると神輿舁きたちから意識されているのである。京都の祭礼に於いて神輿にどのような神を載せているのかについては普通は明確にされており、地元の神輿舁きが「秘事」と言うのは奇異な感じがする。

以上に加えて、天皇からの寄付、府社への昇格、宮中からの要請による新たな神々の受け入れなどの動きをみると、上御霊神社は天皇制の下での新たな時代の変化に、他の神社によりも積極的に対応していかなければならない状況にあったと考えられる。明治四（一八七一）年に発布された「解放令」の観点から見れば、かつて悲田院の支配下にあった鞍馬口村の祭礼参加は、神社側にとっては時代に即応した祭礼の変化であったろう。

（四）えらいやっちゃ考

京都の都市祭礼である祇園祭、松尾祭、稲荷祭等に於いては、「ほいっと」の掛け声とともに神輿を振る舁き方が見られる。御霊祭に於いても小山郷神輿会や今出川口京極神輿会は同様である。それに対して、末廣神輿会は「えらいやっちゃ」の掛け声で踊るように神輿を舁く。末廣神輿の舁き方に影響を与えたと考えられるのが砂持である。砂持とは、「元来神社の再建や修復に際して、境内を整地するために氏子などが土砂を運んで報謝することをいう。京都の鴨川や大坂の諸河川は、河川交通が盛んであり、上流からの土砂の堆積により交通が麻痺するとともに洪水が頻繁に起こり、川ざらえ（浚渫）を多く行わなければならなかった。浚渫工事にかりだされた人々は、非日常的な砂持という作業を祝祭的にとらえ、揃いの衣裳をまとい盛り上がりを見せた」といったものである（豊橋市美術博物館　二〇〇三　八一）。福原敏男によれば、京都に於いては一九世紀中・後半が中心であったが、安政三（一八五六）年の砂持は、規模の大きさに於いても、画像資料の豊富さに於いても、京都の砂持を考える上で一指標となり得る

図 3-3　一英斎芳艶（歌川芳艶）「京都加茂川遊覧ノ圖」（一部）（国立歴史民俗博物館蔵）
出典：福原敏男（2014）、43 頁

ものであるという〔福原　二〇一四　三〕。

牧知宏によると、安政三年の砂持は洛中洛外町々が上賀茂、高野から淀までの五里の川浚えの砂持人足を、晴天百日間出すように命ぜられたものである〔牧　二〇〇七　五八〜五九〕。砂持を命ぜられたのは洛中洛外の町々であり鞍馬口村は含まれていない。ただしこの砂持は参加困難な場合は、公儀人足による代替もなされた。京都町奉行所の与力や同心の口上書等を編纂した「加茂川浚風聞書類」には、角倉鍋次郎掛り場として大聖寺堤（御薗橋付近）より二条新地新生洲町境とある。また当該区域の「（人足）請負人」として「城州白川村井筒屋権左衛門」「西三本木三文字屋幸次郎」の名がみえる。（二〇）鞍馬口村は前述の通り、江戸時代は角倉家の支配下にあって賀茂川修復に関わっており、年貢は賀茂川修復料をもって充てられた。鞍馬口村の人々が動員されて、あるいは日用として賀茂川修復の砂持に加わることは当然あっただろう。

江戸の浮世絵師である一英斎芳艶（歌川芳艶）の「京都加茂川遊覧ノ圖」（図３-３）は、福原敏男によれば「安政三年の砂持ちは江戸にも鳴り響いた有名な出来事のため、京都よりの情報（資料や伝聞）に想像を加えて描いたものと思われる。京都在住絵師の他の作品と大きく異なるのは、土砂採取のみに視点を捉え、作業の賑やかさは伝わるが、本書でいうところの砂持風流はほとんど描かれない」〔福原　二〇一四　四三〕。すなわち、人足の作業に注目した希少な画像資料であると言えよう。

同図には、天秤棒を担ぎながら扇を持って踊るような所作を見せる男たちが描かれている。男達は口々に何か音頭を取っているような感じである。この所作はまさに末廣神輿の舁き方を彷彿とさせる。鞍馬口村の人々は新たに神輿を舁くにあたって、他の神輿の舁き方を参考とせず、「砂持」の図に見られるような日頃の労働で慣れ親しんできた所作を取り入れたのではないか。

「えらいやっちゃ」の掛け声をかけながら神輿を舁く所作は、末廣の神輿舁き達にとって日々の暮らしや生業に由来する舁き方であり、御霊祭の新規参入に際して、地域共同体の大きな喜びを表している祝祭的ともいえる舁き方である。参入の喜びは御霊祭のたびに再確認されてきたと思われる。であるならば、他の若中の神輿の舁き方を真似ようとはしなかったのは当然であるといえよう。

四　若竹町と祇園祭

（一）若竹町の歴史

若竹町は三条大橋の東、旧東海道の起点の南に位置する。近隣の若松町、教業町、長光町、巽町とともに東三条と総称される地区の一角を占める。教業町、長光町、巽町は近世には「かわた」村であるとともに、役人村の役を担った天部村の町であり、若松町は悲田院の支配下にある寺裏と呼ばれた地域であった。教業町、長光町、巽町及び若松町は近世に於ける状況が明確であるが、若竹町の成り立ちについては他の町に比べて曖昧である。例えば天保二（一八三二）年に刊行された「改正京町御絵図細見大成」には若松町の区域には「寺裏」と書かれているが、寺裏と天部村との間の空間（若竹町）には何も書かれていない。

辻ミチ子、中島智枝子によれば、京都市中の町組改正は明治二（一八六八）年から実施されたが、洛中にありながらも天部村や寺裏などは除外されていた。しかし「解放令」後に京都府は「皇居」を除いて全て町組に編入するよう通達した〔辻・中島　一九九一　一八〜一九〕。小林丈広によれば、「（一八八六年の『臨時旧穢多非人調書』によれば、）旧「寺裏」のうち、若竹町の場合は、現住百五十五戸、六百八十五人のうち二百五十人が「乞食体」をなしていたという。町は流入者によって膨張しつつあり、周囲の木賃宿と一体化しつつあった。蹴上からこの「寺裏」（若竹町）にかけてはまさに木賃宿が急増し」たが、同じような現象が見られた「大仏前」等とともに、「「賤民」の集住地とみなされ、生活習慣や道徳観などの上から問題とされたのである。いわば、周辺地域に対して治安や風俗、衛生などに影響を及ぼすことが懸念された」地域であった〔小林　二〇〇一　一六七〕。つまり、東海道に隣接した若竹町は、幕末から明治の初めの人の流れが多い時に、故郷を脱出し京都に流入してきた貧しい人々が、とりあえず腰を落ち着ける場所というかたちで、新しく形成された地域であった。しかし、そこは近世期には悲田院が支配した地域であり、社会的な差別、排除の対象となる場所であった。

都市下層の集住地（スラム）として新しく形成され、かつ社会的差別の対象となった若竹町が、なぜ伝統と富を誇示してきた祇園祭に神輿舁き集団として参入できたのか、以下考察を進めたい。

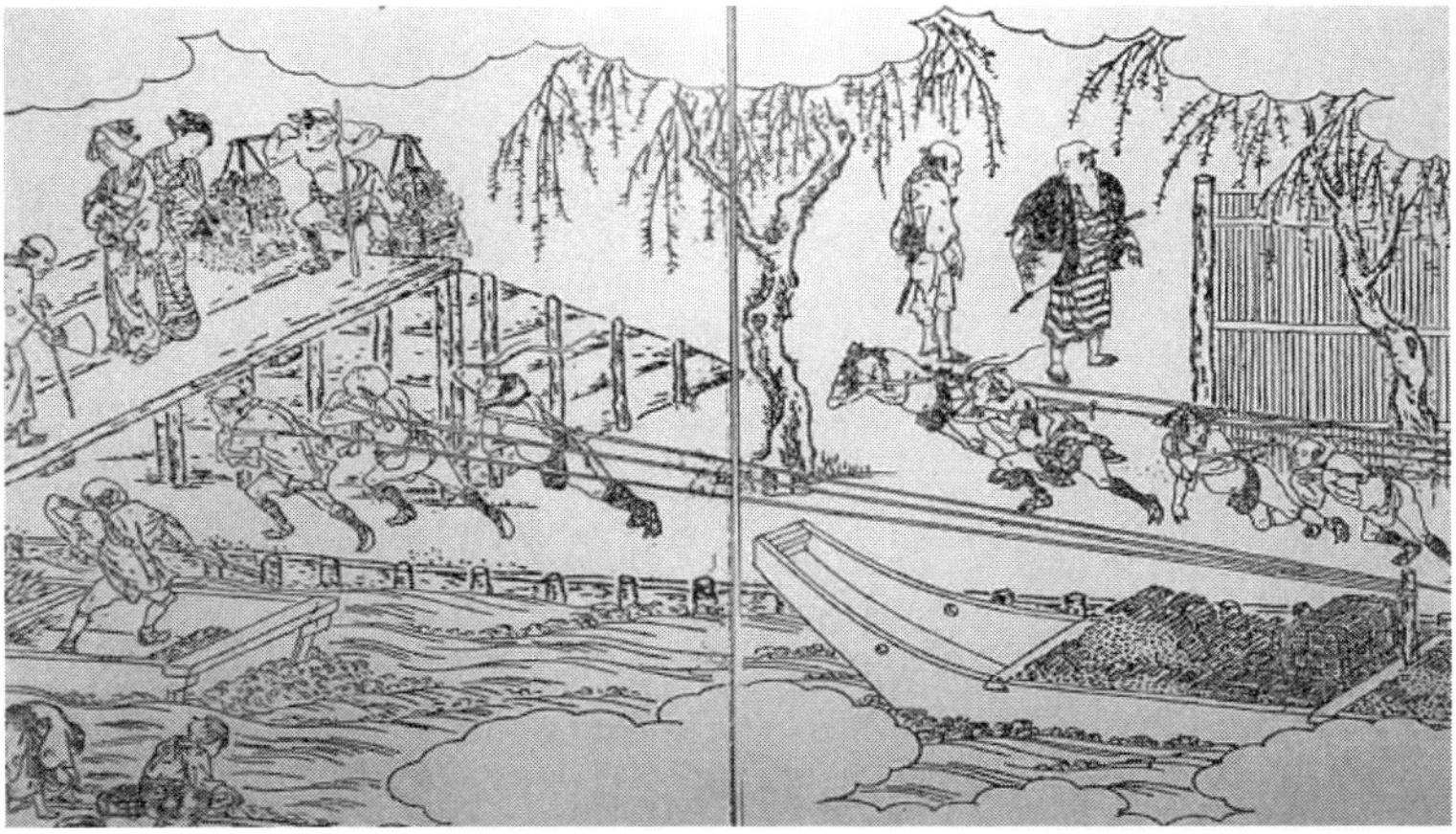

図 3-4　高瀬舟の船頭と綱曳
天明七（1787）年に刊行された『拾遺都名所図会』より（出典：新修京都叢書刊行会編（1967）、118 ～ 119 頁）

（二）若竹町と四若組

祇園祭では中御座、東御座、西御座の三基の神輿が出るが、現在、中御座は三若神輿会、東御座は四若神輿会、西御座は錦神輿会が担っている。「四若」とはもともと四条船頭町若中の略称で、近世末には八王子神輿（現東御座神輿）を舁いていた。四条船頭町（舟頭町）は高瀬川沿いにあり、高瀬舟の船頭などの水運関係者が住む町であった。

近世に於いては、四条川原西組二十二町のうちの上組八町に属していた。元文五（一七四〇）年の「式目帳」によれば、家数四十一（本家八、借家三十三）、人数百二十六名となっている。

『八坂神社東御座四若神輿會五十年の歩み』(一二)には「四若神輿會の起源」として以下の記述がある。

西木屋町四条下ル船頭町に居住していた高瀬川の船頭衆が祇園祭の神幸祭に神輿を舁ぎ、御旅所に納め、その足で伊勢参宮をし、帰洛。還幸祭に又奉仕し、無事祇園社に神輿を納めていたので、その地名から四若組と呼称していた。

船頭や高瀬船を遡らせる際に綱を引く綱曳（図３‐４）は相当な重労働であり、神輿を舁く際に要求される強い肩腰を持った人たちであったろう。これらの人々が神輿舁きになった経緯については不詳であるが、四条船頭町が祇園社の氏子区域に位置していることや、各船頭には運送を特約的に請け負う得意先の商家があり、（二二）轅町の存在する下京の商人たちとつながりがあったと考えられることから、もともと四条船頭町の人々は轅町から神輿舁きの人足やその「統領（頭取）」として雇われていたとも考えられる。しかし、『日出新聞』明治二十三（一八九〇）年七月十六日の記事「高瀬船の冷況」によれば、「近来世の不景気」により、「入荷の高メッキリ減少して日々の出入船も僅に五十艘内外に過ぎざれば以前に船頭と云われたものも今では代り代りに綱曳となりて渇々其日を送る有様にて以前綱曳を業としたるものは一時に活計を失ひて頗る困難を極め居るとのことなり」とある。この後、明治二〇年代〜三〇年代にかけて、高瀬川水運の衰退は加速する。明治四十三（一九一〇）年京阪電鉄五条〜天満橋間開通によって、高瀬川水運はほとんどその役割を終えることとなった（二三）。

この頃の東御座神輿の神輿舁きの有様を、『大阪朝日新聞』明治四十二（一九〇九）年七月十七日記事「神輿舁若者頭の協定」は示している。

> 東御座は元々西高瀬四条下る船頭町組の舁ぎ居たるものあるも、一時舁人の少くなりしがため三条裏の加勢を頼むこと丶なり、尚又其の後一般の若者をも頼み種々の方面より協力舁ぎ来りしが、毎年東御座の神輿舁の間に喧嘩の起るを以てその筋に於ても特にこの神輿舁に注意を加へ、本年も亦過日来、松原、五条、堀川の各署長より舁人の重なるもの

を集め予じめ警戒をなしつゝありしが、前号にも記せし如く十五日松原署に於て若者頭を呼出し更に警戒を加へんとせしに、その警戒を聞くに先ち右若者頭中に協議を凝し、本年より三条裏《（ママ）》東御座は若竹町の若者のみにて舁ぐことに協定せしにぞ、その旨松原、五条の両署長に届けたり。

記事には「船頭町組」は「舁人」の減少を、「三条裏」（若竹町）や「種々の方面」の「若者」に加勢を頼んだが、「神輿舁」同士で喧嘩が絶えず、四条船頭町は東御座神輿の神輿舁きを若竹町だけに任せるようになる、とある。

若竹町と四若組との関わりについて、『五十年の歩み』は、以下のように述べる。

（近世末）から我々の若松・若竹両町の人々は助人として草鞋や手拭の実費を出して神輿渡御に参加していた。然し明治になり高瀬川の船頭衆の組織の崩壊に伴い、我々の先祖の人々が四若組の主要な舁方となり、遂に土井幸次郎、山口新之助、清水金太郎の各氏その他の骨折により、船頭町の役員と数日に亙り談合の結果、正式に四若神輿会に移譲され今日に至っている。（二四）

第一章で、三条台若中が多くの願舁に賃貸料を取って半纏を貸し付け、神輿舁きに参加させていたということを述べた。若竹町の人々が、「草鞋や手拭の実費を出して神輿渡御に参加していた」ということは、もともとは願舁として神輿舁きに加わっていたことを想起させる。若竹町は祇園社に近く、井戸掘りという神輿舁きに適した「肩腰の強い」人々が多く住んでいた。初めは願舁として神輿に寄った若竹町の人々は、「高瀬川の船頭衆の組織の崩壊」過程で、「毎年東御座の神輿舁の間に（起こる）喧嘩」に乗じて、徐々に「主要な舁方」の地位を占めるようになり、ついには明治四十二（一九〇九）年の「神輿舁若者頭の協定」で他の地域の神輿舁きたちを追い出したのである（表3 - 2）。この経緯は偶然ではなく、一連の流れの底には東御座神輿を自分たちが仕切りたいという若竹町の人々の願望が存在し、願望を実現するための戦略的な動きがあったはずである。現在でも京都の神輿舁きの間には、神輿舁き集団が他の神輿舁き集団の仕切っている神輿を「とる（乗っ取る）」という言葉が存在するが、若竹町の人々は長期的な戦略で東御座神輿を「とった」のである。本来ならば中御座の三条台、西御座の壬生組、または錦のように、例えば「若竹町組」という地名を冠した名称を名乗るはずではあるが、若竹町の人々は四若という名称をそのまま引き継いだ。近世から続く伝統ある神輿舁き集団の四若という名称はまさに金看板であった。

詳しくは第四章で論じるが、若竹町の人々はその後も祇園祭で喧嘩や神輿の舁き捨てなど派手な動きを見せ存在をアピールした。そして大正十二（一九二三）年の神幸祭での三若との抗争事件の解決過程で若竹町の人々は、祇園祭の神輿舁き集団の正統たる三若にその存在を認められる。そして昭和五（一九三〇）年には四若の取締役、正組長、副組長全てが若竹町の人々で構成されるようになった。『五十年の歩み』はこれら幹部の人々を、「初代」と表現している。

若竹町の人々は第二章で述べた三条台若中とはまた違った組織原理で神輿舁き集団を運営してきた。三条台若中は早くから轅町、神社から神輿舁きを請け負い、神輿舁きを集め、神輿渡御を行うという謂わば神輿舁きのプロダクションであった。若竹町は既成事実を積み重ねる中で自らの勢力を拡大し、ついに東御座神輿の神輿舁き集団として成立した。この違いが現在に至るまで組織原理の違いとして現れている。

『五十年の歩み』によれば、戦前は若竹町だけで役員が構成されていたが、昭和三十二（一九五七）年に隣の若松町から役員が出ている。戦後しばらくは若竹町、若松町の人々によって神輿を舁いてきた。しかし、ある時期から

表 3-2　明治期に於ける若竹町の神輿舁きたちの動向

安政四（1857）年	旧六月七日	三条台、前年の祇園祭で摂州今宮村の者と争論に及んだことに対し、「舟頭町」とともに雑色より呼び出しを受け、喧嘩に及べば厳しく取り締まる旨、申し渡される。【小島氏留書】
明治十三（1880）年	七月二十四日	還幸祭で三条烏丸に神輿渡御の際、第二の神輿の棒先が提灯立てにあたり、提灯立が神輿に倒れ、下京区第七組若竹町○○藤吉（二十八才）の頭を直撃する。【西京】
明治三十（1897）年	七月十七日	東御座は高瀬四條船頭町が舁く【京都日出】
明治三十三（1900）年	五月一日	御霊神社神幸祭に神輿舁きをしていた下京区若竹町の井戸掘業某と上京区和国町の木挽業某、喧嘩となり六日木挽業が逮捕される。【大阪朝日】
明治三十四（1901）年	七月二十四日	若竹町で法被の貸し借りを巡る神輿舁き同士の喧嘩【京都日出】
明治三十八（1905）年	七月十七日	神幸祭。四条縄手の派出所前で上半身裸の姿を注意されて神輿舁きが激昂。松原警察署二木署長の説得で収まる。【京都日出】
同上	七月十八日	上記事件の首謀者として若竹町○○留吉逮捕される。【京都日出】
明治四十（1907）年	七月十五日	松原署長による神輿舁き風俗の注意（西木屋町四条下る名和三郎）【京都日出】
明治四十一（1908）年	七月二十四日	還幸祭。寺町三条下るにおいて、「仙頭町組」と「三若組」の喧嘩。高張提灯での殴り合いに始まり、双方神輿を「置き捨て」て入り乱れての乱闘。「仙頭町組」の三人を逮捕・拘留。前年よりの因縁か？　この日は御旅所出発の際にも二、三組の喧嘩有り。【京都日出】
明治四十二（1909）年	七月十五日	八坂神社神輿三基のうち東御座は、下京区若竹町の青年だけで舁くことが、各若者頭の協議で決まる。【大阪朝日】五条署・松原署の署長が神輿舁きの若者頭に不都合の無いように警告。【京都日出】

※【　】は新聞名等。事件の日付ついては、記事の日付ではなく事件が起きた日。

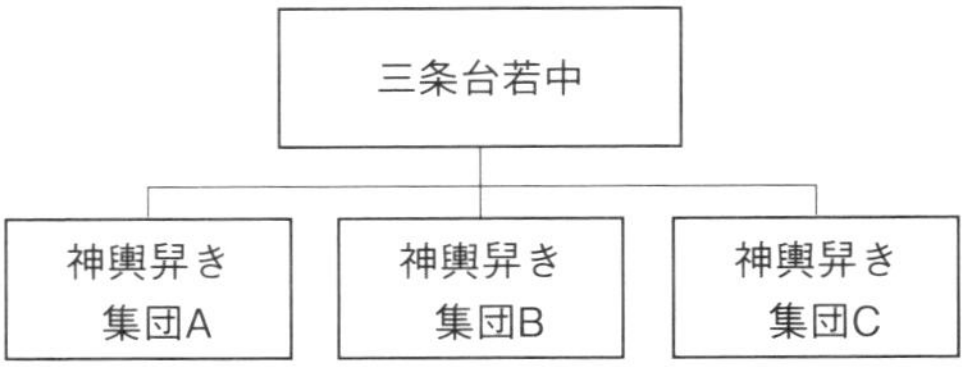

図 3-5　三若の構成

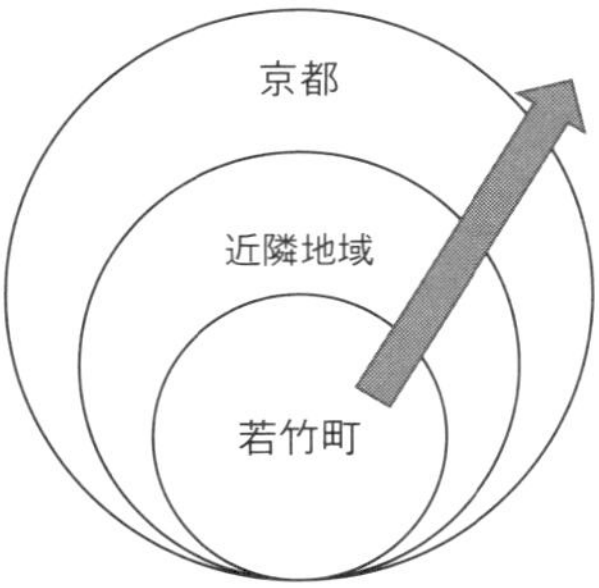

図 3-6　四若の構成

神輿に人が集まらなくなると、東三条地区の他町をはじめとする他地域から神輿舁きを集め、その後は京都神輿愛好会(二五)に属する様々な神輿舁き集団から神輿舁きを集めている。京都神輿愛好会の各会は四若神輿会の指揮下にあるのではなく、協力団体の扱いである。また各会のリーダーは祇園祭では四若神輿会の役員（幹事）として参加する。

三若神輿会幹事長の吉川忠男氏によれば、現在も三条台若中の役員「四十数名」（「三若本部役員」）は世襲制である（吉川　二〇二〇b　一四八～一四九）。四若には、三若の「本部役員」に相当する組織はなく、役員及び一般会員で構成された四若神輿会が中核である。会員資格は世襲制ではなく、入会を希望した者の神輿場での経験、役員や古参会員との人間関係といった観点から入会を認められる。役員は祇園祭神輿渡御の経験値、神輿舁き全般の技量、リーダーシップ、他の役員との人間関係などの観点から、一般会員の中から選ばれる。三若は三条台若中を頂点とするタテの組織であるのにたいして、四若は同心円的に拡張する組織となっている（図3-5、6）。

小結

一九七〇年代から文化人類学を中心に、「周縁」に対する二元論的解釈が現れた。すなわち周縁とは中心の対義語であり、中心から見れば価値的に劣る存在とみなされているが、同時に周縁は全体や中心に影響を及ぼす活力ある存在でもあるとする。山口昌男は周縁と全体との関係について、「「文化」は絶えず文化外の空間を蚕食して、それを内側にとり入れようとします。非文化の境域の持つ活力とか多義性といったものが、文化の領域の活性化の原動力となるからです。よく言われるように、日本文化に於いて芸能の開花が、被差別集団に負う所が大きいというのは、芸能こそが、文化が、「非文化」の活力を取り込む最も有効な仕掛けであるからでしょう」と述べる〔山口一九八八（一九七七）三五三〕。この場合の「文化」は中心、あるいはスタンダードまたはメジャーと、「非文化」は周縁と読み替えられるであろう。

蓮台野村〔蓮台野区、野口村〕、鞍馬口村、若竹町の人々は空間的周縁であるばかりでなく、山口の言うところの「非文化」、すなわち文化的周縁でもあった。彼らが祭礼の場で示した実践は、伝統と格式を尊重し、維持しようとする都市祭礼に新たな展開を齎した。今宮祭に於ける蓮台野区の人々の動きは、神輿舁きへの参入にはつながらなかったが、祭礼、特に神輿場を異議申し立てさえ行うことができる公共空間であることを人々に知らしめた。と同時に、今宮神社の氏子たちや京都市民に、近世的な身分制度に基づく差別が被差別部落民に如何に大きな怒りを呼ぶかを理解させたであろう。鞍馬口村の人々は御霊祭に新たな神輿舁き集団末廣組として参入したが、その際独自の神輿の舁き方で、自らの存在をアピールした。鞍馬口村の人々は神輿場を地域的アイデンティティの表現の場と解釈し、実践したのである。同時に彼らのパフォーマンスは、神輿舁きに祝祭的な要素を付け加えた。若竹町の人々は初め願舁という周辺の立場から神輿舁きに参加し、徐々に東御座神輿の神輿舁きの中で勢力を拡大するとともに、神輿場では派手な揉め事を繰り返し、遂には祇園祭東御座神輿の神輿舁き集団という威信の高い地位を手に入れる。

これらの動きを山口の言を借りて表せば、都市周縁の人々の持つ「活力とか多義性といったもの」が、都市祭礼の「活性化の原動力」となったのである。近代を画期とした京都の祭礼の変化を語るとき彼らの存在を抜きにすることはできない。

註

（一）小林丈広によれば、明治三十三（一九〇〇）年も京都府訓令では、これらの地域は公衆衛生施策の重点となる「貧民部落等」とされている〔小林　二〇〇一　一〇〇～一〇一〕。

（二）本書では旧蓮台野村の呼称については、文脈に応じて「蓮台野村」、「蓮台野区」、「野口村」のうちどれか、もしくは併用して使用する。

（三）京都市（一九九三b）、四八九。

（四）岩生監修（一九七三）下、二〇。

（五）閻魔前町は千本えんま堂付近の町。「閻魔前町之若者共」とは第二章に登場した先御輿（あぐい御輿）の神輿舁き集団「京方千本」の神輿舁きたちであろう。

（六）「根判」とは神輿舁き集団の頭立つ者を指すと思われる今宮祭独特の呼称である。今宮祭関係の文書、今宮神社にある大正二（一九一三）年九月銘の「あぐい講中」奉納額（写真２・４）に見られるが、現在では使用されない。

（七）近世には大宮郷と呼ばれた紫竹、大門、上野、雲林院、門前の大徳寺境内五か村と、大宮森、三筑、新門前、開、薬師山の合計十か村は明治二（一八六九）年には東紫竹大門村となった〔京都市　一九九三a　五二〇〕。このうち上野（京都市北区紫野上野町周辺）は現代に至るまで大宮御輿の神輿舁きを請け負っている。

（八）土方鉄が紹介する竹田村狩賀の城南宮祭礼、醍醐村巽の長尾天満宮祭礼での神輿舁きへの参入はその典型である〔土方一九七三　二八〜三四〕。

（九）『町村沿革取調書』「愛宕郡鞍馬口村」〔京都部落史研究所　一九八八　三六二〜三七〇〕。

（一〇）『京都府地誌』「山城国愛宕郡鞍馬口村」〔京都市　一九九三a　六〇〇〕。

（一一）明治二十三（一八九〇）十月に連載された『日出新聞』「貧民のありさま」（六回）には、「鞍馬口付近」は本章第四節で述べる若竹町が含まれる「三条寺裏」等とともに取り上げられている。

（一二）同社の正式名称は「御靈神社」であるが、本書では、現在より一般的な呼称である「上御霊神社」に統一する。

（一三）鞍馬口村全体の人々からなる神輿舁き集団の名称がなぜ「鞍馬口」ではなく、鞍馬口村南部の地名である「末廣」となったのかについては不明である。末廣神輿が御霊祭に参入する際に、鞍馬口村南部の上・下末広町の人々の突出した動きがあったことが予想される。今後の課題としたい。

（一四）御霊祭に於ける正式な名称は中之御座神輿であるが、神輿舁きや地元の氏子は同神輿を「末廣神輿」と呼ぶ。本章では「末廣神輿」の呼び方をとる。また末廣神輿の神輿舁き集団は発足時から戦前までは、かつての神輿舁き集団の一般的な呼称である「組」を使用し「末廣組」と名乗っていたが、現在では「末廣会」である。本文中では文脈に応じて、末廣組と末廣会を使い分ける。

（一五）「上御霊の祭禮ハ是れまで神輿二基なるを今度壹基増加して三基となしまた是まで中絶して有た神樂獅子も今年より出事になりましたと」（『西京新聞』明治十三（一八八〇）年五月一日）。

（一六）『御霊神社文書』（京都市歴史資料館所蔵写真版）。

（一七）末菊大神の石鳥居には天保十一（一八四〇）年の銘があり、近世末には既に存在していた。また玉垣（建立時期不詳）には「末廣組若中」「末廣組中老」の銘がある。このことから、同社は末廣組の神輿舁きたちの拠り所であったと思われる。

（一八）久保貴子（一九九八）、一一〇〜一一六。

（一九）三社明神、和光明神の由緒、上御霊神社への合祀については佐藤一希（二〇二三）に詳しい。
（二〇）国立公文書館内閣文庫蔵、福原（二〇一四）、八〇～九六。
（二一）同資料は、一九七〇年六月、当時の四若神輿会副会長であった入江丑松氏が執筆した小冊子である。手書きの私家版ではあるが、題字を当時の八坂神社宮司高原美忠氏が書き、序文を権宮司鈴木日出年氏が寄せていることから、身内に対する言い伝えというよりもやや公的な意味合いを持つ記録であることがわかる。入江氏は八坂神社の協力、地元の古老の口伝、諸記録を元に記したと述べている。以下、『五十年の歩み』と略する。
（二二）田中（一九五九）、野々山徳三氏の回顧譚より。
（二三）京都市水道局（一九九〇）。
（二四）『五十年の歩み』は、若竹町と隣接する若松町を併記しているが、明治・大正期の新聞記事には神輿舁き集団の呼称、及び神輿舁きの住所には若松町は見当たらない。
（二五）大島明によれば、もともと三つの神輿会が「相互に協力し、祭りの存続を図る」ために昭和五十七（一九八二）年に結成した組織である。二〇二二年現在、十組織が加盟し、各神輿会関係の祭礼及び協力を要請された祭礼で神輿を舁いている（大島二〇二二　三九八）。同会については第五章で取り上げる。

第四章

神輿荒れはなぜ起きたか

横山華山「祇園祭礼図巻」に描かれた大宮神輿（永田総監修（2018）、225 ～ 226 頁）

はじめに

京都では明治・大正期に於いて、神輿場では揉め事、喧嘩、暴力沙汰といった神輿荒れ（一）が多発した。この時期の神輿場は様々な人々を惹きつけ、そこで何かが起こるかもしれないという期待を持たせる場であった。神輿舁き集団が起こした神輿荒れを分析、考察することは、現在では想像もできない神輿場の意味や、暴力性をも含む強いパワーを潜在的に備えていた神輿舁き集団の姿を理解することである。

本章では特に祇園祭東御座神輿の若竹町の神輿舁きたちに焦点を当てて考察を進める。祇園祭は規模や注目度ともに京都の都市祭礼では屹立した存在である。近代に於いては神輿渡御も山鉾巡行同様の注目を集め、神輿渡御での神輿荒れは、新聞報道の格好の話題、市民の噂話となった。とりわけ四若を継承した若竹町の神輿舁きたちが多くの神輿荒れを起こしており、それに関する新聞報道も多い。若竹町の神輿舁きたちの神輿荒れは、規模に於いても顕著なものがある。彼らに関わる神輿荒れを検討することは、祇園祭にとどまらない神輿荒れの典型的事例を知ることであり、神輿荒れとは何かについて考察を深めることである。

一　神輿荒れの事例から

小林丈広によれば、近代に入って公衆衛生の概念が普及するにつれて、若竹町を含む都市周縁はコレラなどの伝染病の温床であるという偏見から、重点的な監視の対象となった。一八八〇年代後半から九〇年代にかけては、たびたび、新聞の取材対象となったが、特に九〇年代の米価高騰とコレラ流行の際には、地域の様子や暮らし向きが新聞紙上に頻繁に取り上げられた〔小林　二〇〇一　八六～八七〕。その直後から、若竹町の神輿舁きたちについての報道が多く見られるようになる（表4‐1）。つまり、すでに若竹町は格好の「新聞ネタ」の発信源であり、そこからきた神輿舁きたちが、祇園祭神輿渡御で派手な動きを見せることによって、ますます注目を集めるようになる、という図式である。

若竹町の神輿舁きたちによる神輿荒れの代表的な事例をピックアップし、新聞記事の内容を要約する。なお、日付は記事の日付ではなく実際に事件が起こった日付である。

A．明治三十八（一九〇五）年七月十七日神幸祭（二）

午後八時頃、四若の舁く東御座神輿が四条縄手の派出所に近づいた際、派出所巡査から神輿舁きたちが胸を露にしていることを咎められた。神輿舁きたちは激高し、「神輿を（派出所に）打付けよ。巡査に舁かせ」と口々に罵り、神輿を派出所に衝突させ、その場に放置しようとしたが、松原署長二木の説得によってようやく収まった。七月十日の神輿洗に、四若の神輿舁きたちが神輿の鈴を人力車で運ぼうとした際、当派出所の巡査に通行止めであると止められた。神輿舁きたちは巡査に腹を立て暴言を吐いたので、数名が拘束された。このことへの遺恨である。

B．明治四十一（一九〇八）年七月二十四日還幸祭（三）

午後十時頃、三基の神輿の先頭を行く中御座神輿を舁く三若が寺町三条で休憩していた際、東御座神輿の

表 4-1　近世末から近代にかけての祇園祭の「神輿荒れ」関連事項

		四若（四條船頭町・若竹町）関連	三若（三条台）・壬生村関連
安政四（1857）年	旧六月七日	「舟頭町」、三条台とともに右の事情で呼び出される。	三条台、前年の祇園祭で摂州今宮村の者と争論に及んだことに対し、「舟頭町」とともに雑色より呼び出しを受け、喧嘩に及べば厳しく取り締まる旨、申し渡される。【小島氏留書】
明治十三（1880）年	七月二十四日	還幸祭で三条烏丸に神輿渡御の際、第二の神輿の棒先が提灯立てにあたり、提灯立が神輿に倒れ、下京区第七組若竹町○○藤吉（二十八才）の頭を直撃する。【西京】	
明治二十五（1892）年	七月二十四日		第二の神輿（西御座）は三条台だけで舁く【日出】
明治三十（1897）年	七月十七日	東御座は高瀬四條船頭町が舁く【京都日出】	中御座は三条台が、西御座は洛西壬生村が舁く【京都日出】
明治三十四（1901）年	七月二十四日	若竹町で法被の貸し借りを巡る神輿舁き同士の喧嘩【京都日出】	
明治三十八（1905）年	七月十七日	神幸祭。四条縄手の派出所前で上半身裸の姿を注意されて神輿舁きが激昂。松原警察署二木署長の説得で収まる。【京都日出】	神輿舁きは三条台、よいなよいなと静かに舁きゆく【京都日出】
明治三十八（1905）年	七月十八日	上記事件の首謀者として若竹町○○留吉逮捕される。【京都日出】	
明治四十（1907）年	七月十五日	松原署長による神輿舁き風俗の注意（西木屋町四条下る名和三郎）【京都日出】	松原署長による神輿舁き風俗の注意（三条通大宮西入る吉川太郎兵衛、綾小路大宮西入る中村三之助）【京都日出】
明治四十一（1908）年	七月二十四日	還幸祭。寺町三条下るにおいて、「仙頭町組」と「三若組」の喧嘩。高張提灯での殴り合いに始まり、双方神輿を「置き捨て」て入り乱れての乱闘。「仙頭町組」の三人を逮捕・拘留。前年よりの因縁か？　この日は御旅所出発の際にも二、三組の喧嘩有り。【京都日出】	同左
明治四十二（1909）年	七月十日		神輿洗いにて三条台の神輿舁き同士が酔っぱらって口論【京都日出】
	七月十五日	八坂神社神輿三基のうち東御座は、下京区若竹町の青年だけで舁くことが、各若者頭の協議で決まる。【大阪朝日】五条署・松原署の署長が神輿舁きの若者頭に不都合の無いように警告。【京都日出】	五条署・松原署の署長が神輿舁きの若者頭に不都合の無いように警告。【京都日出】
明治四十三（1910）年	七月十一日	松原署にて風紀取締の警告（三条台竹内徳之助他二名、壬生組竹内常次郎他一名、四若組名和他二名）	同左
明治四十四（1911）年	七月九日	五条・松原・堀川署の神輿舁きの「取締」に対する風紀警告（素っ裸などに対する警告）【京都日出】	同左

		四若（四條船頭町・若竹町）関連	三若（三条台）・壬生村関連
明治四十五（1912）年	七月十七日	神幸祭。四条河原町に於いて「船頭町組」の神輿舁き三名が大喧嘩して逮捕・拘留【京都日出】	
大正二（1913）年	八月一日	神輿洗い「四若（西木屋町船頭町）」【京都日出】	
大正三（1914）年	七月二十七日	神幸祭。御旅所に神輿を舁き入れようとした際に四若組の神輿舁きが、徐行してきた電車によって足部を負傷。電車を打ち潰せとて神輿を軌道に「舁き捨て」る。【京都日出】	左の事件で「壬生組の三若組」、「四若組」が放置した神輿が邪魔で御旅所入り出来ず、神輿を置いてきぼりにする。【京都日出】
大正四（1915）年	七月二十四日	還幸祭。例年ならば午後四時頃に御旅所を神輿が立つはずが、「四若組」が午後七時前に四条東から「ワッショ、ワッショ」と馳せ参じたために大遅延【京都日出】	「壬生組」の神輿舁き六人が氷屋から氷強奪、氷屋に暴行。【京都日出】
大正五（1916）年	七月十七日	神幸祭。「四若組」【京都日出】	
大正八（1919）年	七月二十四日	還幸祭。大宮高辻で神輿の前で停車するはずの電車が徐行運転。神輿も止まらず、神輿の長柄が電車と接触。神輿舁き達は神輿を「舁き捨て」て電車の運転台に殺到。運転手が殴られる。後続の電車が止まり、大混雑となる。【京都日出】	
大正九（1920）年	七月九日	松原署にて神輿舁きの世話役達に「血気にはやって間違いなきよう」との訓辞。堀川署・五条署の担当も立ち会い。【京都日出】	同左
	七月十七日	神幸祭。船頭組【京都日出】	
大正十（1921）年	七月十七日	神幸祭。「若竹町の若中」【京都日出】	
大正十二（1923）年	七月十七日	神幸祭。「若竹町組」が神輿を御旅所に納めた後、先に神輿を納めた「三条台（【京都日日】。【京都日出】では「荒寅一派」）」が集合していた大雲院境内に殺到。大乱闘となる。千本組（「荒寅一派」）と若竹町の抗争に発展寸前であったが、国粋会の日暮、黒田、桑原の仲裁で収まる。	同左
	七月十九日	「若竹町組の連中」と「千本荒寅一派の連中」、日暮、黒田、桑原の斡旋により料亭音羽で「手打式」【京都日出】	同左
大正十三（1924）年	七月十七日	神幸祭。「四若組」【京都日出】	
大正十四（1925）年	七月十五日	「…現在の神輿は西三条、白川等の地方人が氏子から依頼されて神輿をかつぐが、」【京都日出】	
大正十五（1926）年	七月二十四日	「四若組」。滞りなく還幸祭終わる。【京都日出】	

※【　】は新聞名等。事件の日付ついては、記事の日付ではなく事件が起きた日。

「仙頭町組（ママ）」（四若）が後ろから歩調を速めて近づいてきた。前年から遺恨があったのか、双方言い争いとなるや手に持っていた高張提灯で殴り合いが始まった。三若と四若は「神輿を置捨て」、そこにもここにもという具合に十数組の喧嘩が始まった。漆器商に逃げ込んだものを追って、十数名の神輿舁きが同店に飛び込み暴れたが、四若の○○藤吉（二十六歳）が硝子の破片で右肩にけがをした。これを見た四若の神輿舁きたちは、藤吉が斬られたと早合点して、「仇をとれ」と叫びいよいよ騒動となった。五条署の加藤刑事が群集の中へ飛び込み制止したが、何者かに右目を殴られ軽傷を負った。これに関して四若の○○安次郎（三十五歳）○○半吉（二十九歳）○○卯之助（三十八歳）の三人を逮捕し拘留した。この日は神輿が御旅所出発の際にも二、三組の喧嘩があった。

C. 大正三（一九一四）年七月二十七日神幸祭（四）

午後七時頃夕立があったが、このときすでに神輿は八坂神社を出発していた。そしてまず三若が滞りなく旅所に着いた。次に四若が旅所に神輿を舁き入れようとした際に、一人の神輿舁きが人波の中を徐行してきた市電に接触、足を負傷してしまった。雨のためいらいらしていた四若の神輿舁きたちはこれをきっかけに怒りだし、「それ電車を打ちつぶせ」と神輿を路上に「舁き捨て」た。旅所周辺は「鼎の沸く様な騒ぎ」となり、四条通を行く市電もストップした。

D. 大正八（一九一九）年七月二十四日還幸祭（五）

午後七時三十五分、東御座神輿（四若）が大宮高辻の交差点に差しかかった時、○○秀三（二十九歳）運転の電車も交差点に入ってきた。神輿の為に停車するはずであったが停車せず徐行運転を続けた。神輿の世話役は、勢い込んで「ヨッサヨッサ」と神輿を進める若者たちを必死に制止しつつ、「危険ない」と神輿を徐行させたが、電車は依然として停車しなかった。見るに見かねて一人の警官が運転手台に飛び上がって停車させようとした時、遂に神輿の担ぎ棒の先が電車と接触したので、神輿舁たちは逆上し、「運転手を引きずり下ろせ」と絶叫し、神輿を「其儘其處へ舁据にて」、運転台へ殺到した。梶村警部は「運転手が悪いのだから手荒な事をするナ」とひたすら制止したが、何分、暴れる神輿舁きたちが二百名もいる上に、付近の見物客も「スワ喧嘩だ」と争うように殺到したので、果ては「何が何だか薩張り譯が分からぬ大混亂」となった。後続の電車が次から次へやって来たが、進むこともできず、約十台が停滞した。漸く世話役○○熊吉外二名の委員を選んで、車庫へ交渉させる事となり、神輿は舁き上げられた。警官も非常に努力をして、いきり立つ血気の者をうまく取り静めた。○○運転手が少々殴られただけで、一人の怪我人も出さず電車を通過させたのは、大いに警官の手柄と言わざるを得ない。

E．大正十二（一九二三）年七月十七日神幸祭（六）

『京都日日新聞』の見出しには「大雲院門前で乱闘　三條臺と若竹組の若者　検束されたと聞いて千本組騒ぐ」とある。（七）七月十七日午後八時に「三條臺」（三若）の神輿舁たちは、御旅所に中御座神輿を納めたが、そのまま帰らず、なぜか千本組の親分「荒寅」こと笹井三左衛門の三男笹井末三郎（二十三歳）を中心に四条寺町の大雲院に集結した。続いて神輿を納めていた「若竹組」（四若）に「式服」（法被）を着ていない者がいたので、三若の神輿舁きが詰め寄ったところ四若がどっと押し寄せ、「約三百名」が入り乱れる大乱闘になった。四若の世話役で国粋会会員「朝日松」こと○○松之助（三十六歳）が仲裁に入ったが、右腕を刺されて大怪我をした。五条警察署員が笹井末三郎をはじめ三若の神輿舁き九名を拘束した。また四若側は○○松之助他三名が病院に担ぎ込まれた。九名が拘束されたことを聞いた千本組は本拠近くの「千本三条国技館」（八）に「二〇〇名」を集結させ、病院、四条寺町、若竹町に押しかける勢いであった。若竹町組側でも〇〇松之助の実兄と関係のある侠客牧生良之助に応援を頼んだところ、「百数十名」の子分が応援に駆けつけた。結局、島原の博徒橋本清太郎や国粋会幹部日暮正路等の仲介でとりあえず収まった。

二　事例の類型化

五つの神輿荒れの事例を取り上げたが、Aは警官に対する何らかの遺恨、BとEは他の神輿舁き集団（三若）に対する対抗心、CとDは市電との接触事故をきっかけとする突発的な盛り上がりから起こっている。それぞれの神輿荒れを、神輿舁きたちが神輿場をどのようにとらえていたかという「場の意味」、神輿舁きたちがどのような目的で神輿荒れを起こしたかという「行為の目的・意味」、そして神輿荒れの場で表出する神輿舁きたちの「集団意識」という三つの観点から分析すると、A、C・D、B・Eという三つの類型にまとめることが可能なのではないかと考えた。Aを「公怨型」神輿荒れ、C・Dを「劇場型」、B・Eを「抗争型」と名付けたい（表4‐2）。

（一）公怨型

「公怨」という言葉は現代の国語辞書には見当たらない。しかし明治十一（一八七八）年に現神奈川県平塚市で起こった真土村事件（九）に関する資料に、「若一村一郷ノ衆民ニシテ悉ク之ヲ悪マバ、是一人ノ私怨ニアラズシテ一村一

表4-2　神輿荒れの類型

	場の意味	荒れの目的または意味	集団意識
公怨型	公共空間	異議申し立て	怨み
劇場型	舞台	目立つ、売出	陶酔感
抗争型	闘技場	アイデンティティの確認、強化	対抗意識

郷ノ公怨ナリ」〔色川編　一九七九　六一八〕とあるように明治期にはある程度使われた言葉のようである。すなわち私個人の怨みである「私怨」に対して、共同体の利益、公的事項を損なわれたことに対する怨みという意味であろう。時には真土村事件に見られるようにかなり激烈な抗議行動のきっかけになったと思われる。

柳田國男は『祭礼と世間』で、「普通に反することをするような人間を、すこしもいじめずにおくということが、公人としてもあるまじき事であった時代としては、この徒に対する祭礼の日の悪意のごときは、たとい少数の若衆頭の手でこれを表示したとしても、やっぱり公怨でなければならなかったのである。」と、神輿荒れを公怨に結び付けている。柳田は、「国幣中社塩竈神社の帆手祭に、神輿が暴れ廻って毎年三戸四戸の人家を壊し、本年などはとうとう警察署の構内まで乱入した」件について、物理学者の東北帝国大学教授日下部四郎太が、「多数の人が神輿のごとき重いものを舁《かつ》いであるくと、偶然に行列の路筋でない処にも、飛び込むものである」と分析したことを批判する。柳田は「祭りの神輿舁きの悪意ということは、絶対に存在し得ぬものでもない」と、神輿が暴れる背景に神輿舁きたちの意思、すなわち公怨があると考えたのである。そして神輿荒れが、「平和なる前代から引き続いて相応に行われている」と歴史的視点を提示する〔柳田　一九六二（一九一九）　三九九～四〇二〕。

柳田の指摘を確認した上で、前記のAの事例に戻ってみよう。

事例A発生の時点では、祭りの準備のために人力車を使っていたことを警察にとがめられ、反抗し、拘束されたことの恨みによって、神輿荒れが起こったと考えられていた。事件の続報である同年七月二十一日『京都日出新聞』には、「神輿舁ぎの亂暴事件落着」として神輿荒れの首謀者の処分について報じている。記事によると、「亂暴事件」の首謀者は、若竹町の「破落漢」で通名「與市」こと○○留吉であった。若竹町には井戸掘りたちが多く住んでおり、井戸掘りたちは東御座神輿（四若）の神輿舁きでもあった。記事によれば、「井戸浚へを托け親分の名義を濫用して、市内の各戸より無法の金額を強請する風ありしより、松原署にては、昨年より本年にかけ是等の徒に向て厳重なる處分をなせしかば、平素より幾分恨みを抱き居り。渡御を幸ひ酒気をかりて、亂暴を為したるものならんと」とある。つまり、神輿荒れの背景には彼らの稼業である井戸掘りとしての怨みがあった。

「無法の金額を強請する」行為とはどのようなものだったのだろうか。同年七月一日の『京都日出新聞』「井戸堀の悪企」に書かれた事件などはその典型であろう。同記事によれば、若竹町の井戸掘り○○市太郎（二十四歳）と○○政吉（十九歳）が逮捕された。二人は六月二十七日に下京の牛乳商を訪れ井戸浚えを勧めたのであるが、その家が「當日同家にては何か差支有りしよしにて、廿九日に延ばす旨を告げた」が、三十日に同家を再訪。「主人の留守なりしを幸い、井戸中へ入り這入り、一塊の砂を持ち上がり細君に示し、尤もらしき理窟を付け、是非とも井戸浚へせざれば衛生に悪し、などといひ居る處へ主人梅太郎歸り來り、さらばと井戸浚を依頼したるに、両人は」砂（「代八銭」分）とセメント（「代十銭」分）を井戸に持って入り、中にぶちまけて一時間余りで上がってきて、井戸浚えが終わったとし、料金として九円を請求した。主人があまりに高いのでびっくりし、口論になったところに警官がやってきて二人を逮捕した、というものである。

夏前のこの時期、京都では井戸浚えが各戸で行われていた。おそらく各戸には馴染みの出入りの業者があり、その業者に井戸浚えを頼むことが、慣行となっていたはずである。その慣行を逆手にとって、「井戸浚へを托け親分の名義を濫用して、市内の各戸より無法の金額を強請する」輩が現れたのであろう。二人の井戸掘りの行為は現代風に言えば、悪徳業者による詐欺と見える。とはいえ、現代的な善悪の判断を一旦保留して考えてみれば、都市下層社会に生きる彼らにとってみれば、これも稼業の一つの在り方であった。加えてこの時期は京都市に水道水を提供する琵琶湖第二疏水の計画が着々と進んでおり、井戸掘りの先行きは決して明るくなかった。彼らの先行きを暗くさせたのは京都市という「おかみ」であり、彼らの稼ぎを邪魔したのは警察という「おかみ」であった。ここに若竹町の神輿舁きたちの公怨がはっきりする。すなわち、「おかみ」に生業、稼ぎ、生存を脅かされているという公怨である。

祭礼とは地域社会にとっての公的行事であり、多くの市民が注目する神輿場とは公共空間であった。そのような機会、場で神輿舁きたちが、公怨をはらすために起こした神輿荒れは、公共性を帯びたある種の異議申し立てであった。このような神輿荒れを「公怨型」神輿荒れと名付けたい。

異議申し立ての為の神輿荒れは近代京都に於いて他の祭礼にも見られる。第三章で述べた明治二十一（一八八八）年の今宮祭で蓮台野区の人々が神輿を襲った事件は、「解放」令により高揚した平等意識と、祭礼からの排除という差別の現実との落差により起こったのである。事例Ａの場合は経済活動の自由及び生存に関わる公怨が、今宮祭の場合は平等に関わる公怨が背景にあった。いずれも近代に入って強く意識されるようになった権利が尊重されなかった怨みに端を発している。

(二) 劇場型

事例C、Dは事例A、B、Eに見られる伏線といったものも感じられず、突発的な出来事であると考えられる。二つの事例に共通するのは、市電との衝突 → 神輿の路上放置(「舁き捨て」) → 市電への殺到という流れ、野次馬の存在、新聞による報道である。

時代と状況は異なるが、路上での反社会行為について佐藤郁哉は、一九八〇年代の京都の暴走族を事例に、以下のように述べる。「暴走はきわめて演劇的な行為であ」り、「「暴走族」は「悪漢型ヒーロー」という、きわめて演劇的な「社会タイプ」として考えることができる。暴走に於ける「目立つ」とは、この暴走の全過程と悪漢型ヒーローという役柄に内在するテーマとプロットによって構成される一種の台本に則って、観客の前で自分自身を華やかに演出し、表現するパフォーマンス行為にともなう感覚である」〔佐藤 一九八四 六六〕。佐藤のインタビューによれば、暴走が「目立つ」ためには、繁華街の大通りという舞台と、暴走が始まるとギャラリーと化す大勢の通行人が必要である[一〇]。市電との衝突 → 神輿の路上放置(「舁き捨て」) → 市電への殺到という一連の流れをプロット、野次馬を観客とするならば、事例C、Dはまさに神輿舁きたちによる演劇的パフォーマンスであるといえよう。このような神輿荒れを「劇場型」神輿荒れと名付けたい。

伊藤之雄によれば、京都市電は、京都市長西郷菊次郎の三大事業の一つ「道路拡築」と一連の事業の中で生まれた。道路拡築の結果、四条通、烏丸通、大宮通などが大通りと化し、そこに広軌で切石が敷かれた市営電気軌道が敷設された。京都市電に使われた車両は、京都の路面電車のさきがけである京電(京都電気鉄道会社)の車両に比べて、大型でスピードも高速であった。市電は大正元(一九一二)年六月に営業が開始された〔伊藤 二〇〇六六七～六八〕。路面電車は最重要な公共交通機関であると同時に、貧しい人々にとっては気持ちをわくわくさせるある種の憧れとでもいうべき存在でもあった。（一二）

藤野裕子は、明治三八（一九〇五）年の日比谷焼打事件で、騒動に参加した民衆が電車を焼き払った現象について、「民衆にとって暴動とは大都市の大通りを闊歩することであり、電車はそれを阻害する対象として放火されたのだと考えられる。あるいは、電車に放火することをとおして、民衆は自らが大通りを占拠していることを実感し」、「日常とは異なる力関係を示した」とする〔藤野　二〇一五　四四～四五〕。事例C、Dでは、神輿舁きたちは神輿を軌道に放置した上で車両に殺到することによって、市民の憧れであった市電を止めている。この行動は、藤野の表現を借りれば「日常とは異なる力関係を示す」ことに他ならない。

図 4-1　祇園祭長刀鉾
京都府立京都学・歴彩館デジタルアーカイブ
写真番号 1115

藤野は、都市下層の男たちが日常とは異なる力関係を示そうとする傾向について、賀川豊彦の『貧民心理の研究』にある「売出」という言葉に注目する。賀川によれば、「貧民は善にでも悪にでも、名が通ればそれで喜んで居る。（中略）刺青するなら出来るだけ大きいもの、喧嘩するなら大親分と、女郎買いするなら、筒抜けまで、なんでもかんでも当り

図 4-2　四条御旅所と東御座神輿
絵葉書資料館蔵　ko446-Omikoshi Gion

散らかすのを彼等最高の本分と考へるのである。之を彼らの熟語で「売出」と云ふ」（賀川　一九六二（一九一五）一四八）。事例C、Dに於いて神輿舁きたちは、まさしく「売出」したのである。

鈴木英樹によれば、四条通、烏丸通などの十二間（約二十二メートル）以上に拡張された大通りには歩道と車道が分けられたという（鈴木　二〇〇六　一四二）。明治四十二（一九〇九）年の祇園祭（図４－１）では、四条通はまだ拡張されておらず、歩道と車道の区別もない。群衆を縫うように山鉾が進んでおり、祭りをする側、見る側は混然一体であった。

歩道と車道の別が、祭りを「する」側と「見る」側に截然と分けたことは想像に難くない。つまり歩道は立見席、車道はその真ん中にある電車の軌道を中心として檜舞台となったのである。大立ち回りを可能にする大通り、車道という空間、歩道に集まる群集、圧倒的な存在感を放つ市電、面白おかしく騒動を書き立てる新聞、紙面で騒動を楽しむ読者という条件が揃っていたのが、京都市の繁華街や中心部をその範囲とし、市民の人気が最も高い祇園祭であった。

図４－２は大正初めの頃のものと思われる絵葉書である。絵葉

書資料館によればこの絵葉書は明治四十（一九〇七）年から大正六（一九一七）年の間に印刷されたものであるという（二〇二〇年五月十二日、電子メールにて確認）。四条通が大通り化している点、歩道と車道が区別されている点から、大正初年に撮影されたと考えられる。まさに事例C、Dの頃の祭りの様子である。場所は事例Cが起こった四条御旅所前であり、神輿は四若の東御座神輿である。大通りの車道という舞台に神輿と神輿舁きという「役者」が登場し、巡査によって歩道という桟敷に見物客が押し込まれ、蝟集している姿が見て取れる。

（三）抗争型

事例B、Eはともに三若との集団的な喧嘩である。新聞記事によると「何か前年より暗闘のありしものか」[一二]（事例B）、「例年は其曳子等は直に引揚ぐるが例であった處今年はどうしたことか三條台御輿の輿丁たる荒寅一派の指揮する若者達は寺町四條下る大雲院に集合し」[一三]（事例E）とあるところから、突発的な喧嘩ではなく、前々からの因縁や、それによる対抗意識が底流にあることが窺える。

神輿舁き集団の壬生組は壬生村の人々からなる。西御座神輿（旧少将井神輿）は近世末には三若が担っていたが、明治初年にそれまで中御座神輿を舁いていた今宮神人（大宮駕輿丁）が廃止され、三若が中御座神輿を担当するにあたって壬生村に譲ったこと等から[一四]、三若と壬生組は日常的に人的交流があったと考えられる。管見の限りでは三若と壬生組の間には大きな喧嘩、揉め事は確認できない。それとは対照的に若竹町の神輿舁きたちは、近世から続く神輿舁き集団である三若にとっては、伝統のある四条船頭町に代わって（おそらく、いつの間にか）四若を仕切るようになっただけでなく、祭りでたびたび喧嘩、揉め事を起こす目障りな新参者であったろう。若竹町の神輿舁きたちにとって三若は、自らを祇園祭の神輿舁き集団として承認させるべき古参、権威であった。

事例Bは四条船頭町から若竹町だけで東御座の神輿を昇くことを認められる前年である。つまり若竹町の神輿昇きたちが、祇園祭の神輿昇き集団としてとりあえず認められようかという時であり、若竹町の人々にとって通過儀礼の意味を持つだろう。若竹町の神輿昇きたちは事例Bの後、事例C、D等の派手な動きを見せ事例Eが起こることから、事例Bは事例Eの伏線であるともいえる。

事例B、Eは四若の神輿昇きたちの三若への対抗意識から起こった神輿荒れである。このようなある神輿昇き集団の他の神輿昇き集団への対抗意識からおこる集団的な喧嘩を「抗争型」神輿荒れと呼びたい。

地域を巻き込む大規模な「抗争型」神輿荒れは、単なる対抗意識の発露にとどまらず、神輿昇きたちの村や町の人々のローカルアイデンティティ（地域に対する帰属意識、愛着）[一五]の確認、強化につながる。谷部真吾は、遠州森町「森の祭り」で受け継がれる喧嘩に関する語りについて、「創作された話」であっても、「全く意味のない語りとして扱うわけにはいかない」。むしろ、「現在も語り継がれているからこそ、重要」であり、祭りに関わる地域の人々にとっては、「文書」よりも語りのほうにリアリティーを感じるとする〔谷部　二〇〇〇a　七八〕。武田俊輔は、長浜曳山祭の山組間の対抗意識は、過去の喧嘩に関する年長者の経験と記憶に基づく語りによって、継承、強化されているとする〔武田　二〇一九　一四四～一四五〕。

第三章で紹介した『八坂神社東御座四若神輿會五十年の歩み』（以下、『五十年の歩み』）の記述からは、事例Eが引き起こした女性や子どもまでも含んだ地域をあげての緊迫感が感じられる。

一、女衆の神輿供奉

昭和の初め（ママ）神幸祭当日、御旅所に神輿を納め、大棒を片付ける際、三若の若衆と紛争が起き、双方に十数人の怪我人が出た。その時の事は三若の落度となり、一應事件は落着したものの、町内では青年団が鉄砲を持出し、又女子供達は屋根の上に登って敵襲に備えるなど大変な騒ぎであった。又還幸祭には四若の神輿が三若の千本地区内を通るので、その仕返しに具え、四若の舁丁の家内衆は各々匕首、刀を持ちついてきたのが、慣習となったものである

『五十年の歩み』は「地元の古老の口伝、諸記録」からまとめられている。「女衆の神輿供奉」は若竹町の「語り」を記録したものであろう。「女は触れられない神輿だが、昔から東御座では、女衆（おなごし）が神輿の後に付き、掛け声で舁き手を盛り上げる。強い一体感を示す好例だ」と新聞記事に紹介されたように、現在でも「女衆の神輿供奉」は続いている。[一六] 同記事中の「女もあの興奮を味わいたい。それに、主人や子供になんかあったら大変。見届けないと心配ですやろ」という四若神輿会会長（当時）の妻の言葉は、事例Eが「語り」として地域に伝わり、祭の度に人々が緊張感、対抗意識を上書きしてきたことを示す。

「女衆の神輿供奉」という行為や「語り」は、若竹町の人々の年齢や性別を問わないローカルアイデンティティの確認、強化につながったと思われる。『五十年の歩み』をまとめた入江氏の親族女性（七〇代後半）は自らが若い頃の地域の様子を振り返り、「自分らの神輿は何があってもうちらの町内で守らなあかんと思てました」と語る（二〇一八年三月十七日聞き取り）。米山俊直は、一九七三年から三年間、一九八三年から三年間の二度にわたって祇園祭の調査を行ったが、四若及び地域については、「地域をあげて神輿舁きを行い今日に至っている四若組」と表現した（米山　一九八六　二一五）。

「抗争型」の事例は、第三章で論じた御霊祭の末廣組、すなわち鞍馬口村の神輿舁き集団にも見られる。明治二十四（一八九一）年六月三日の『日出新聞』「御靈祭の腕力騒ぎ」によれば、「上御靈神社にては昨年来神事費の

嵩み」のため、「本年は今出川口及び末廣組の二基は見合わさんとの豫定」であった。しかし「今宮神社の氏子なる安居院《あぐい》の若者等」は、その年の今宮祭の神輿渡御が中止になった「念晴し」に、今宮祭の隣の祭りである御霊祭の「今出川口」の神輿を「舁きたしと神事掛へ申込み」、承諾を得たとある。他の祭りの神輿舁き集団が御霊祭に割り込んだのである。

この事態は、神輿舁きに参入してまだ日が新しい末廣組、すなわち鞍馬口村の人々にとって、自分たちが舁くことになっている神輿も、他の神輿舁き集団に任される懼れがあると感じざるを得ない危機的状況であった。そこで、末廣組は神輿渡御の直前に「俄かに」神輿を出すと決めた。神輿渡御の中止の原因は「神事費の嵩み」であるところから、おそらく神輿舁きに関する費用を自分たちで負担してまで神輿を舁こうとしたのであろう。そして祭りの休憩時、「安居院組」の神輿舁きたちが通りかかると、「末廣組の若者はウヌ他處の氏子でありながら我等が休息所の區域内に侵入したるこそ奇怪なれ」と、言いがかりをつけて争いになり、遂には「百五六十名許入亂れ」た乱闘となった。末廣組の神輿舁きたちが地元鞍馬口村へ「喧嘩の次第」を、「知らせ遣りしかば、イデ京都の奴原を片端から打って遣らんとの權幕で、村方擧て繰出すといふ大騒ぎ」になった(一七)。神輿舁きたちや鞍馬口村の人々の自分たちの神輿が他に任されるかもしれないという危機意識は、「他處の氏子」安居院組に対する対抗意識に発展し、「村方擧て繰出」す騒ぎに発展したことから明らかなように、彼らのローカルアイデンティティを刺激、強化したに違いない。

末廣の神輿舁きたちは、伝統的に女性用のカラフルな腰ひもを法被に巻いて神輿を舁く。腰ひもはもともと神輿舁きたちの母や妻などのものであったという。祖父や父が末廣の神輿舁きであった女性(七十代)によれば、女は神輿を舁くことはできないが、男たちが女の腰ひもを身に着け神輿を舁くことで、家族や地域全体で神輿を舁くことになるのである、ということである（二〇一四年五月十八日聞き取り）。若竹町と同じく都市周縁に位置する鞍馬口村の人々が、祭礼や神輿を媒介にしてローカルアイデンティティを形成、強化してきたことが窺える。

三　神輿舁きたちの心性

若竹町の神輿舁きたちは、なぜ神輿場で荒れたのであろうか。神輿荒れとは当事者たちの一時的な感情のみに任せた突発的な集団行動ではない。祭りはハレの場であるが、日常とつながっている。すなわち、日常に於いて彼らが感じていた願望や日常生活での行動パターン、社会との関係が、祭りというハレの場で刺激されたり、増幅されたりして、何かの拍子に集団行動につながるのである。

若竹町は、貧困で密集した住環境、井戸掘りという同職者集団の集住地といった特性を持つ地域であった。また周辺地域からの差別的な眼差しを受ける地域であった。そのような地域の特性が神輿舁きたちにどのような心性をもたらしたのであろうか。

（一）強烈な承認願望

安丸良夫は打ちこわしと伝統的な祭りの騒ぎを近似したものと捉え、このような集団行動が起こるのは、それまで人々の「下意識」に閉じ込められてきた衝動と願望が、集団行動の中で「性格構造の集団的変容」を起こし、解放されて社会的地平に姿を現すとする〔安丸　一九九一（一九七四）　三八五～三八六〕。若竹町の神輿舁きたちにとって、安丸のいうところの「下意識」に閉じ込められてきた心理、衝動と願望とはなんだったのだろうか。

森田三郎によれば、人々が祭りに参加するのは、「同じ氏子として神の前での基本的平等」、「地域住民としての資格、地位」を確認し、自分が何者であるか確信するためである〔森田　一九九〇　一六八〜一六九〕。森田に従えば、若竹町の人々が四若の神輿舁きとして祇園祭神輿渡御に参加したのは、「同じ氏子として神の前での基本的平等」と、「地域住民としての資格、地位」の確認のためである。しかしその願いの実現は難しいものであったと思われる。

前章でも述べたが、若竹町のあたりは近世には寺裏と呼ばれていた。寺裏の周囲は近世期の町人の自治組織である「町」を形成していたが、寺裏は「町」として公認されていなかった。周囲の町々は明治二（一八六九）年に下京二十四番組を構成し、子どもたちは新たに開設された番組小学校に通うこととなった。しかし、寺裏の二町が「町」として公認されたうえで下京二十四番組に編入され、子どもたちが番組小学校に通うことを許されたのは、二年遅れの明治四（一八七一）年であった。（一八）編入された後も同町は、その成り立ちや状況から社会的な賤視にさらされていた。藤野裕子は、近代日本の都市下層社会を生きる男たちには、男伊達を競う気風と「強烈な承認願望」があったとし、そのような気風や願望は「下層社会を生きる疎外感と劣等感」、「日頃蔑視のまなざしを感じているからこそ、「下目に見られ」ることを嫌い、「超越的人物」として承認されることを目指す」ところから生じると指摘する〔藤野　二〇一五　一八八〜一八九〕。

森田や藤野の述べるところから考えると、若竹町の神輿舁きたちが示した神輿荒れは、同じ氏子として神の前での基本的平等、地域住民としての資格、地位が十全でないところから彼らが感じた疎外感、劣等感とそれと裏返しの強烈な承認願望によるものである。すなわち神輿荒れという大胆な行動によって「「超越的人物」として承認」を目指したのである。「新聞沙汰」となることは織り込み済みというよりも、むしろ彼らが望むところであったろう。

『京都日出新聞』明治三十四（一九〇二）年七月二十六日記事「殴打し、殴打される」は、若竹町の人々が神輿場を、いかに自らの強烈な承認願望を満たす場としてとらえていたかを表している。記事によれば、若竹町の「〇〇かつ方仝居〇〇龜吉（二十四年）といふが、祇園祭禮の爲、一昨日午後神輿舁に行かんとて、同母に對し衣類を出してくれと云ひしに、母は衣類は同町の〇〇周太郎（十九年）に貸與したりと云ひしを憤り、無法にも毆打せしを右周太郎が認め、傍らに在りし石を以て龜吉を毆ち負傷せしめたるに依り、松原署へ拘引せられ拘留五日に處せられたり」とある。「〇〇かつ方仝居」という表現から、〇〇龜吉とその母は若竹町に立ち並んでいた木賃宿の寄宿人、すなわち「住所不定の困窮者」であることがわかる。彼にとって神輿舁きの衣類は、自らの強烈な承認願望を満たす場である神輿場に出るために必要な一張羅であり、それをめぐって母を殴打したり、血を見るような暴力もいとわなかった。この一件は神輿場に出る前の彼らの高揚した気分を物語っている。

(二) 自由奔放な生活感覚

『日出新聞』明治二十三（一八九〇）年五月一日の記事からは、若竹町の人々の自由奔放な生活態度が垣間見られる。記事は若竹町の人々の日常生活を、「下等人民中にも殿様と呼るゝよしこれは何ゆゑぞと聞くに如何に困究するにもせよ飲食には奢りを極め偶またま不意の金でも手に入れなば忽ち料理屋から取肴で飲んだり食たり殆んど困苦を知らざるもの、如くなれば遂に貧民の殿さまと呼ばるゝよし」と紹介する。同記事には「下京區」の「貧民」が集住する場所として八か所をあげているが、その中でも若竹町の人々の生活態度の特異性を強調している。なぜ若竹町の人々は「貧民の殿さま」と呼ばれるような生活態度を示したのか。

藤野裕子は、日比谷焼打事件から米騒動までの都市暴動に参加した都市下層の男性の生活文化に注目し、都市暴動に参加した階層の男性には、他の階層の男性にはない特有の日常的なふるまいや生活態度があったとし、そのような日常的なふるまいは生活態度が非日常的な暴動と連環するとする〔藤野　二〇一五　一四〕。藤野の言う都市下層特有の日常的なふるまいや生活態度とはどのようなものであるのか。藤野が先行研究として挙げる能川泰治（一九九五）は、日露戦争前後の大阪の人力車夫たちは、貧困、過重な労働、社会的な蔑視といったつらい日常を、非日常に変える「自由奔放な生活感覚」を持っており、贅沢な飲食、賭博、芝居見物、「「娼妓」買い」などを頻繁に行ったとする。能川は、「自由奔放な生活感覚」は、「同職者集団」による「生活圏の共有」によってより強化されたとする〔能川　一九九五　四〕。

若竹町は井戸掘りという同職者が集住する地域である。『大阪毎日新聞』大正七（一九一八）年十一月十一日の記事「井戸堀賃上／円満のうち解決」には、若竹町を中心とする百五十名の「井戸堀人夫」が「人夫団」を結成。「総代」を出して日当の改善を「親方連」に要求し、一人一日一円三十銭の日当を一円四十九銭に賃上げすることに成功した、とあり、井戸掘りたちが凝集性の高い「同職者集団」を形成していたことがわかる。人力車夫は「帳場」というたまり場をともにする者たちであったが、若竹町の井戸掘りたちは密集した地域で日常生活をもともにしていた。能川の言うところの「生活圏の共有」という観点から見れば、人力車夫たちよりもはるかに濃密な生活圏の共有である。人力車夫と同様の貧困、過重な労働、社会的な蔑視、濃密な生活圏の共有といった条件が彼らに「貧民の殿様」と呼ばれる「自由奔放な生活感覚」を生み出した。何かと辛い日常を忘れるために、日常生活にあっても非日常を追求する「自由奔放な生活感覚」を持つ彼らにとって、祇園祭の神輿場という一年間で最大の非日常の場は、「自由奔放な生活感覚」を解放するにはまたとない場であった。

（三）社会に於ける立場の不安定性

若竹町の人々の多くは流入者、「よそ者」であった。また古くからの八坂神社氏子からみれば新参の氏子であった。男たちの主な生業は井戸掘りであったが、井戸掘りは繁忙期がはっきりした仕事であり、梅雨明けの井戸浚えの時期以外は、あまり仕事がなかった。仕事のない時期には様々な稼ぎに出向かなければならない。例えば、四若神輿会会員A氏の祖父は、明治三十年前後の生まれで、四若の神輿舁きであった。井戸掘りを主な生業としつつも、春には花街先斗町の舞踊公演「鴨川おどり」の裏方として雇われていた。それ以外にも傘直し、刃物砥ぎといった街を回る修繕職、川魚の行商などで生計を立てており（二〇一八年三月十七日聞き取り）、実態は雑業者というべきものであった。[一九]

若竹町の神輿舁きたちは日頃から、地域社会からの承認に於いても生業に於いても、不安定な立場に立つ者たちであった。佐藤郁哉はこのような不安定性を「マージナリティ」と名付け、マージナリティを持つ者たちの集団の典型として一九八〇年代の暴走族をあげる。すなわち暴走族とは、「中学卒業や高校中退で職についた者で、仕事にあまりうちこんでいない者や「遊び人」という二重、三重のマージナリティによって特徴づけられる」者たちの集団であるとし、であるからこそ、「慣習的な生活やキャリアに深くコミットしている青年たちには到底できないようなスリリングな冒険と、自己の限界に対する挑戦ができる」とする〔佐藤　一九八四　一二八〕。佐藤は、「二重、三重のマージナリティによって特徴づけられる者にとって、暴走族活動は、みずからのマージナリティを華々しくかつ陽気に表現できる様々な要素と機会を兼ねそなえている」〔佐藤　一九八四　一二八〕、と述べる。若竹町の神輿舁きたちが神輿場で暴れた背景には、地域社会、氏子区域に於ける余所者、新参者の立場、定職を持たない不安定な就労状況など二重、三重のマージナリティがある。神輿荒れが警察沙汰になったとしても、体面や「慣習的な生活」が損なわれたり、仕事を失うかもしれないという懼れから、彼らは比較的自由であったろう。

四　神輿荒れの終わり

事例Eの騒ぎは、花街島原の博徒橋本清太郎や、同じく博徒で国粋会幹部の日暮正路[二〇]等の仲介でとりあえず収まり、以降は若竹町の神輿舁きたちが神輿場で荒れを起こすことは無くなった。

大日本国粋会は大正八年（一九一九）年に結成された。前年の大正七年には米騒動が起こるなど、当時は社会主義運動や小作争議、労働争議、部落解放運動などの高揚期であった。国粋会はこれらの運動に対抗することを目的とする団体であり、当時の警察権力が主導して各地の博徒たちに組織させた。事例Eの三若サイドの当事者でもある千本組の「荒寅」こと笹井三左衛門は、その有力メンバーであった。笹井は米騒動の際、千本組の地元にある米の倉庫に押しかけた被差別部落民や西陣の都市下層民衆と対峙している[二一]。一方、米騒動の際には若竹町でも動きがあり[二二]、同町は警察から監視状況に置かれていたであろう。重松正史は、大日本国粋会関東本部長に就任した陸軍の軍人佐藤鋼二郎の言葉から、国粋会の結成を促した治安当局側は、「下層社会の者共」を「焼打事件」に組織化したのが「彼等の親分又は組合長」だと把握しており、彼等を国粋会に終結する必要性を認識していたと述べる〔重松　二〇〇三　二八一〜二八二〕。当時の博徒、侠客は例えば上記の「荒寅」のように綽名を持つことが常であった。事例Aの首謀者として逮捕された若竹町の神輿舁きは「輿市」という綽名を持つ者であった。また事例Eの若竹町側の世話役も「朝日松」という綽名を持つ者であり、いずれも任侠的な人間関係の中で、佐藤がいうところの「彼等の親分」と呼ばれる者たちであったろう。「若竹組」という神輿舁き集団内部の人間関係も、井戸掘りの「親方・子方」の人間関係を倣っていたはずであり、任侠を任ずる者たちの人間関係と類似のものであったと思われる。(一三)

米騒動での動きからしても、警察や国粋会にとって若竹町の人々は囲い込みの対象と見られていたと考えられる。『五十年の歩み』によれば、仲裁に入った日暮は昭和二（一九二七）年六月一日に四若の「正組長」（会長に相当）となっている。以上のことから、荒寅の息子笹井末三郎をはじめとする三若の若者達の挑発、「若竹組」の激発と抗争、国粋会幹部による仲介、国粋会幹部の四若正組長就任は、警察や国粋会が想定した筋書きのようにも見える。昭和五（一九三〇）年には四若の幹部である取締役、正組長、副組長全てが若竹町の人々で構成されるようになった。『五十年の歩み』はこれら幹部の人々を、「初代」と表現している。日暮のような「けつもち」から離れ、正式に「四若（若竹町）」が成立したという意味であろう。

若竹町の神輿舁きたちは、もともとは四若（四条船頭町若中）に「助人」として参加し、四若の正統ではなかった。それが神輿荒れを起こす中で、東御座神輿の神輿舁きの内輪での存在感を増し、四若の主導権を手に入れる。しかし祇園祭の神輿舁き集団の中でもっとも古く、正統を自認する三若が、彼らを同じ神輿舁き集団と承認するに至るには、大きな抗争を経なければならなかった。若竹町の神輿舁きたちは様々な神輿荒れを経て、正式に四若を受け継いだと承認されたのである。有末賢は、古くから祭礼を担ってきた氏地を内部構造、より新しい氏地を外部構造とし、当初は内部と外部の関係は互いに排除しあうとする。しかし、祭礼を安定的に維持、運営していくためには、祭祀の様々な枠組みを社会変動の過程に対応させる必要が生じ、外部は祭りの空間の中で包摂されていくものであるとする〔有末　一九八三　一二三〕。若竹町の神輿舁きたちの神輿荒れの数々は、まさに外部が内部に包摂されていく過程でもあるともいえる。

『京都日出新聞』の昭和五（一九三〇）年七月十九日には「祇園の神輿が紙屋に飛び込む」の見出しの記事がある。記事によれば、壬生組の神輿が渡御中にバランスを崩して紙屋に飛び込み、「硝子障子を三枚壊し二名負傷」したが、「原因は故意や怨恨ではなく全く力の不平均で京都ではかうしたことははじめて」とある。「八坂神社社務所詰員」の談話として、「どこの土地でもよく輿丁同士が喧嘩したりするものですが当方の輿丁は温順しいので評判です。したがって渡御中に事故のあったことは珍しいのです。ゆふべの騒ぎも聞きましたが京都ではおそらく初めてのことだらうと思います」とある。事例Eからまだ七年しか経っていないが、神社と新聞の「共謀」によって「祇園祭の輿丁は温順しい」という新たな言説が作られようとしている。神輿荒れは忘却すべきものとなった。

小結

明治・大正期の京都の祇園祭を中心に神輿荒れがどのように起こるのか、そしてなぜ起こるのかについて考察してきた。神輿荒れの根底には神輿荒れを起こした人々の日常が生み出した承認願望、生活態度、社会的な立ち位置が影響していることが明らかとなった。また神輿荒れの事例の「場の意味」、「行為の目的・意味」、「集団意識」に注目すれば、神輿荒れは「公怨型」、「劇場型」、「抗争型」に類型化が可能であることがわかった。

近世後半に京都の各地で姿を現した神輿舁き集団は、祭礼での神輿渡御を執行することによって実践力や自信を蓄え、明治・大正期には集団としての力のピークを迎えた。この流れと神輿荒れの頻発は軌を一にしているのではないか。例えば前章で紹介した御霊祭の神輿舁き集団の末廣組も神輿荒れを起こしてきたことが、明治期の新聞記事に散見される。(二四) 管見の限りであるが、派出所を襲うような公権力への直接抗議や、市電の軌道に神輿を舁き捨てることによる公共交通機関の妨害といった激しい神輿荒れは、昭和に入る頃には無くなっていく。

何が起こるかわからない神輿場、神輿舁きたちが何をしでかすかわからない祭礼は、完全に過去のものとなった。なぜなら神輿には神が乗っているという感性は、最早過去のものとなっているからである。それは、神輿場は人々が神と出会う特別な場であるという了解も、過去のものとなったことを意味する。神輿場が特別な場であればこそ、その場に対する特別な見立てが可能となり、その見立てがその場の人々や広く社会に共有され、場合によっては共感され得る。神輿舁きたちは神輿場という特別な場を公共空間や舞台、闘技場に見立てることによって、「公怨型」、「劇場型」、「抗争型」の神輿荒れを起こしたのである。現在も「けんか祭り」と称する祭りが存在するし、祭礼での揉め事、喧嘩も間々見られる。しかし、これらは全て予定調和の中で行われる「けんか」であり、本章で取り上げたような騒動とも言うべき神輿荒れとは別物である。

註

(一) 本研究では大塚英志に倣って神輿場に於ける喧嘩、揉め事、暴力沙汰を「神輿荒れ」と呼ぶこととする(大塚英志二〇一七)。
(二)『京都日出新聞』明治三十八(一九〇五)年七月十九日。
(三)『京都日出新聞』明治四十一(一九〇八)年七月二十六日。記事には仙頭町組(船頭町組)とあるが、実際は若竹町の人々が中心であった。〇〇安次郎はこの騒動では逮捕されているが、これ以前の『京都日出新聞』の記事「若竹町の三人斬」(明治三十七（一九〇四）年七月二十二日）に刃物を持った暴漢を取り押さえた住民として登場している。

（四）『京都日出新聞』大正三（一九一四）年七月二十八日。なお、この年、祇園祭は昭憲皇太后死去につき日程変更。神輿巡行のコースも短い。

（五）『京都日出新聞』大正八（一九一九）年七月二十六日。

（六）『京都日日新聞』及び『京都日出新聞』大正十二（一九二三）年七月十九日。

（七）柏木隆法によれば、千本組は三若の地元三条台に隣接した千本三条に本部を置き、西高瀬川水運の木材の集積所である千本浜の「浜仲仕」たちを取り仕切っていた〔柏木　二〇一三（一九九二）〕。三条台にある神泉苑は祇園祭発祥の地と言われる苑池であり善女竜王が祀られているが、その石鳥居には「明治四十一年四月建之」「三条臺若中」の銘がある。鳥居の左右の玉垣の石柱には「三条臺若中」に関係する人名が刻まれているが、「笹井幸三郎」（笹井三左衛門の本名）と刻まれた石柱が二本ある。ゆえにこの時期、三若が取り仕切る中御座神輿の神輿舁きの多くが千本組配下の浜仲仕たちであったと思われる。

（八）京都国技館のこと。京都国技館は明治四十五（一九一二）年、笹井三左衛門の肝いりでつくられた相撲興行場。京都映像資料研究会によれば、明治末年に「京都相撲」の消滅により活動写真館となる〔京都映像資料研究会　二〇〇四　六四〕。

（九）橘川俊忠によると、「豪農が地租改正のときに農民をだまして、一村の地権の名義を全部自分の名義にしてしまいました。それに対し村人が怒って一家を襲撃して、一家六人を惨殺」した事件である〔橘川　二〇一七　九〕

（一〇）「絶対な、河原町通るいうことは、あっこが一番京都でメインストリートやんか。一番人が多いとこやんか。そこ走るいうことはなあ、そら、目立てへんやったらな、どこでも走ったらええやんか。河原町避けて。そやろ。あんな狭い狭いとこ」〔佐藤一九八四　五二〜五三〕。

（一一）事例Dの頃西陣の呉服商に奉公していた女性（一九〇四年生まれ）が、「休み、というたらせいぜい月に一度。芝居や映画なんかは行けませんでしたし、チンチン電車が走るのを見るのが楽しみで、よう見に行きました。」と語っている〔京都市一九九三b　一四〕。

（一二）『京都日出新聞』明治四十一（一九〇八）年七月二十六日。

（一三）『京都日出新聞』大正十二（一九二三）年七月十九日。

（一四）「（明治九（一八七六）年六月）二十四日神輿修覆完成に付昇試、駕輿丁は中御座三条台若中、東御座船頭町若中、西御座壬生村若中」〔鈴木日出年　一九六八　九〇〕。

（一五）大堀研によれば、ローカルアイデンティティとは、「個人にとっての地域に対する帰属意識、愛着」である〔大堀　二〇一〇　一五一〕。

（一六）『京都新聞』「祇園祭 四 神輿渡御」二〇〇七年七月五日。

（一七）当時、安居院は京都市上京區（洛中）であるが、鞍馬口村は京都府愛宕郡（洛外）である。鞍馬口村の人々の「京都の奴原」という言葉には、当時はごく一般的だった洛外の人々に対する洛中の人々の軽視に対する反発を感じる。洛中の人々の洛外へのまなざしとそれに対する反発については井上章一（二〇一五）に詳しい。

（一八）『有済小学校所蔵文書』（一九三〇年）。京都部落問題資料センター所蔵資料『教育要覧』複写版によった。

（一九）辻ミチ子はこの地域の人々の仕事として「井戸掘り」とともに、「季節の厄払い」、「祇園社の白朮火の火縄売り」、「角力場や劇場の」売店、「劇場の舞台装置」、「川魚や鰻を商う店」などを挙げている〔辻　一九九九　三五九〕。

（二〇）日暮正路は「大正期の京都市会議員。大正・昭和期、御幸町通高辻で土木建築請負業を営む。京都市会議員を努めていたが、一九二八（昭和三）年の第一回普通選挙では京都府第一区から出馬し落選した。増田伊三郎とともに立憲国粋党の親分的存在」であった〔京都市姓氏歴史人物大辞典編纂委員会　一九九七　五五五〕。

（二一）『京都日出新聞』大正七（一九一八）年八月十二日の記事によれば、八月十一日午後十時、被差別部落の住民数十人が千本倉庫、米穀商などを襲ったが、千本倉庫では「仲士はじめ荒寅一味」と大乱闘を演じ撃退されるとある。

（二二）大正七（一九一八）年八月十二日付の『京都日出新聞』は京都に於ける米騒動の記事で埋め尽くされているが、その中に「若竹町組の一団」が見える。

（二三）岩井弘融は、「親分子分」とは博徒、露店商のみに見られるものではなく、木挽、大工、屋根屋、樽屋、植木屋、その他諸々の同職者集団に広汎に見られたとする〔岩井　一九六三　三五七～三六五〕。

（二四）御霊祭を例にあげると、『日出新聞』（のち『京都日出新聞』）の明治二十（一八八七）年五月五日、明治二十三（一八九〇）年五月二十日、明治二十四（一八九一）年五月三日、明治二十四（一八九一）年六月三日、明治二十五（一八九二）年五月二十一日、

明治三十一（一八九八）年五月二十日、明治三十六（一九〇三）年五月三日、明治三十八（一九〇五）年五月二十日の紙面に神輿荒れの記事が見える。ただし御霊祭は祇園祭ほど注目されておらず、記事にならなかった事件があると思われる。記事の内容も簡単なものが多い。

第五章

京都標準の神輿の舁き方

祇園祭神輿洗式準備（八坂神社南楼門前）　2016 年 7 月 10 日　筆者撮影

はじめに

「なぜそのように神輿を舁くのか」という問いは、祭礼研究にとって決して瑣末な問いではなく、祭礼の本質を明らかにする問いである。なぜなら、問いの探求には、神輿舁き集団の来歴、神輿舁きたちの意識、神輿舁き集団を取り巻く地域の歴史、神社の祭祀や祭礼の在り方の変化、祭礼が地域に与える影響などへの目配りが必要となるからである。従って問いの探求過程は、神輿の舁き方を切り口とした祭礼についての総合的な歴史研究となるだろう(一)。

京都の祭礼の神輿場に於いては規模を問わず、図5‐1のような人員配置、体制が一般的である。神輿を止めたり、方向を変えたりするのは、前の「マイク持ち(指揮者)」と「後ろのマイク持ち(音頭取り)」による指示、左右二本の轅の前後の先端に取り付けられた鐶(輪金具)を持つ「鐶持ち」(四名)による方向操作、神輿本体に取り付けられている黒塗りの棒を舁く「黒棒」(十名程度)及び神輿本体の真下にいる「ねこした」(三、四名)の、停まる、進む、の動きによってなされている。このような神輿舁きの人員配置、体制による神輿の制御によって、神輿は進む、止まるのみならず、左右に加えて上下の方向操作、スピードの増減、などを行うことが可能となっている。この人員配置、体制のもと、見せ場では神輿を「もむ」という動き、すなわち「ほいっと」等という掛け声とともに、轅の前後に付けられた鳴鐶《なりかん》という金具を鳴らす動きも京都の神輿場ではよく見られる。

以上のような人員配置、体制、「ほいっと」等の掛け声のもと鳴鐶を鳴らす神輿の舁き方は京都独特であること

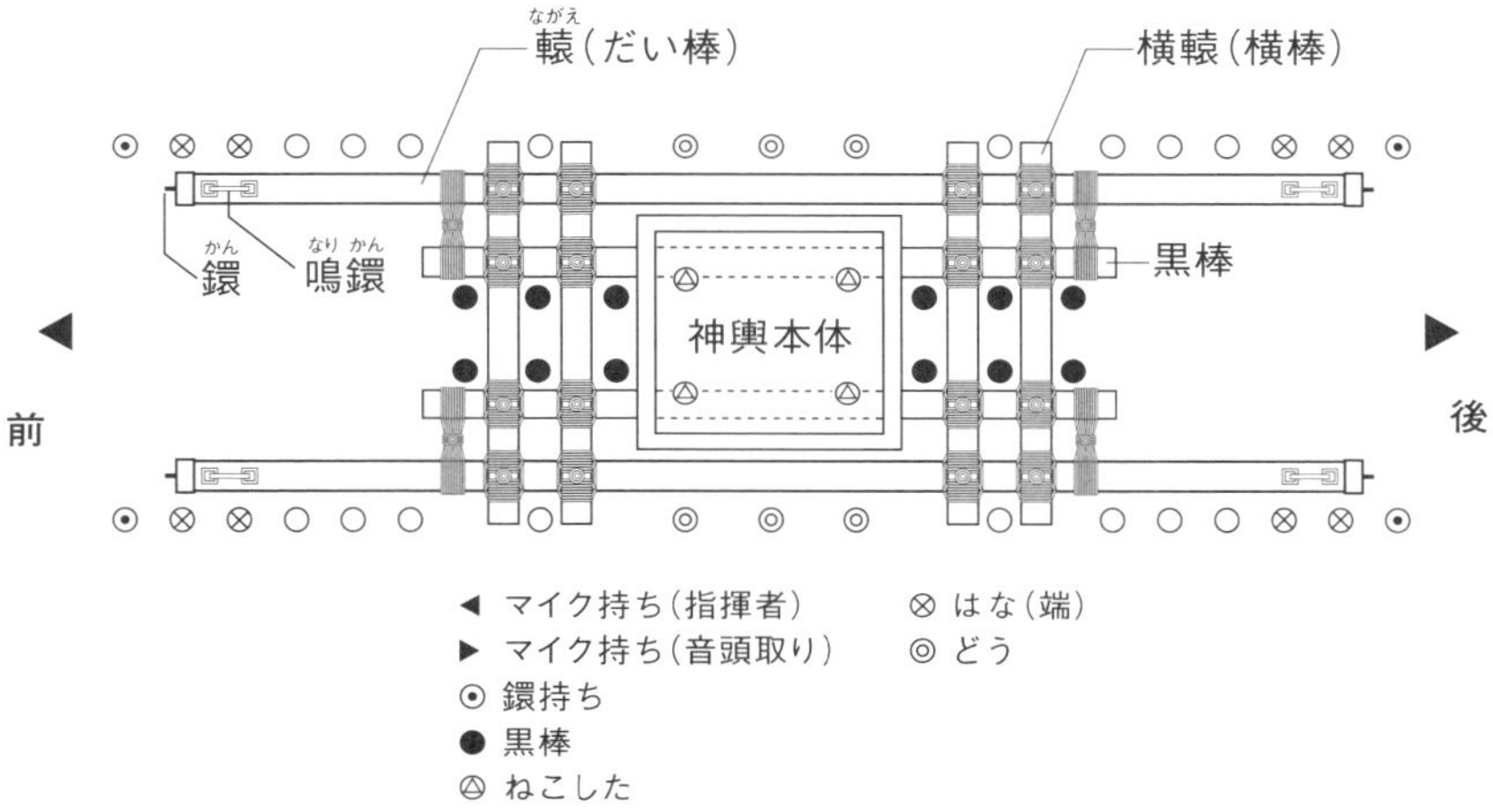

図 5-1　京都標準の神輿の人員配置・体制

写真 5-1　松尾祭船渡御　三宮社神輿を船に乗せる
2019 年 4 月 21 日　筆者撮影

から、筆者はこのような神輿の舁き方を「京都標準」と呼ぶこととする。本章は京都標準の成り立ちや普及の在り方を探求することによって、神輿舁き集団がまさに神輿を舁くことによって祭礼の在り方に大きな影響を与えたことを論証したい。

一　京都標準の成立

(一) 神輿舁きの人員配置、体制

筆者は京都標準の人員配置、体制は長い距離を安全にしかもできるだけ速く神輿を進ませるために、周辺部大型祭礼の神輿舁き集団によって考案されたものと考える。

例えば、松尾祭には神輿が六基出て、祭礼の行列そのものが非常に長い。本社から旅所までの神輿渡御は距離が長いばかりでなく、神幸祭では桂川の船渡御（写真5-1）や河原斎場の神事、還幸祭では氏子区域の巡行、旭之杜（西寺跡）、朱雀御旅所での神事がある。このため、非常に時間がかかり、如何に整然と神輿を進めるかが、昔から大きな課題となっていた。

明和五（一七六八）年の『福田家文書』「御神事ニ付連印帳」（京都市歴史資料館所蔵写真版）は、松尾祭櫟谷社神輿の轅下である西七条村東町の住民七十六名の連印と、松尾祭の他の五基の神輿の轅下と取り交わした注意書きからなるが、注意書きは特に神輿渡御が恙なく進むことに留意している。なお、文中に見える「神幸」は現在の神幸祭（おいで）であり、「祭礼」、「御祭礼」とは還幸祭（おかえり）である。

定

一、神幸、午上刻駕輿丁村方出立可致事

一、祭礼之節、正午刻御旅所江駕輿丁可揃事

一、道中神輿毎ニ壱町宛間置、駕輿丁可相勤事

一、神幸、祭礼共神輿御本山御旅所舁出シ、神供場幷船場之外、随意ニ無謂所ニ而杭シ、少も遅滞仕間敷、行列乱シ申間敷事

一、駕輿丁之輩着替等神輿之高欄ニ結付ハ勿論、神供場等ニ而不作法等仕間敷候

一、神幸、祭礼共神輿御通筋人之居宅江、少々之趣意ヲ以神輿突懸ケ騒敷儀、急度相慎可申事

つまり、松尾祭の神輿渡御に於いては、時間を守ること、神輿を勝手に停めないこと、行儀よく神輿を舁くこと、神輿を道筋の人々の家に突っ込ませて騒いだりしないこと、などが課題となっていたことがわかる。ただしこの注意書きはあくまで心得であって、どのように整然と神輿を進めるかについての対策は窺えない。

それに対して、やや時代が下る天保十五（一八四四）年の『福田家文書』「駕輿丁取締承知連印帳」（京都市歴史資料館所蔵写真版）の注意書きには、若中が登場し、彼らが体制を整えて神輿渡御を進める様子が窺えるのである。以下、抜粋する。

（略）

一、延享御定式之通、刻限之儀、御神幸ハ正午刻に打揃、御迎参向可仕候、御祭礼之節者午ノ下刻ニ御旅所江相揃可申事

一、御神輿轅本を一町内にて相勤候事故、外之神輿轅元とは違ひ大役なり、尤助駕輿丁も来り候得共、不時之障り等出来及不参候歟、又は途中より相離レ候様成義万一在之候ハヽ、是迄之取締がたき不揃之轅本駕輿丁而已ニては舁通しかたく、遅レ滞り候而者勅祭之御差支ニ相成候ハヽ、如何計難渋ニ可有之間、常常駕輿丁役を厳重ニ相心得可申事

一、御神幸、祭礼之両日は、他江神用に雇レ或は家業又は客来等之儀ニ付、出町を遅レ或は中途より引取、又は万一及不参候輩有之候ハヽ、急度穿鑿之上可及沙汰事

一、若者中は右両日神輿向ニ打掛り、無差支様念を入相調へ可置事

一、若者仲ヶ間を退キ候中老ノ分、町内ノ駕輿丁ノ内ニ而も、定刻より早く出町いたし、専ら若者中を助力いたし可申。たとへ老衰之人たりとも神輿之前後ニ相つらなり差図を請、相応之神用可相勤事

一、御神輿船江駕輿丁乗セ申間鋪、途中にていさめおどらせ候義、弥相ならざる事

（略）

一、御神輿は役前若者頭之差図ニ任セ、進ミ止りすなおにいたし、万事慎相背申間鋪候、万一、我意を申者在之、乱雑ニ及び候ハヽ、其場にて退け、又は後日ニ急度可及沙汰事

天保十五年の注意書きからは、明和五年の注意書きには見られない様々な興味深い事実が指摘できる。その中で最たるものが、若中（若者中、若者仲ヶ間）を中心とする神輿舁き体制が確立している点であろう。史料によればこの時期、櫟谷社神輿は若中、若中を退いた中老、町内の駕輿丁、他所からの助駕輿丁という四種類の舁き手で神輿が舁かれていた(二)。また、「御神輿者役前若者頭之差図ニ任セ、進ミ止リすなおにいたし、万事慎相背申間鋪候」とあるが、これは若者頭の指揮のもと、「進ミ」と「止リ」などで整然たる進退を表す表現であり、図5-1で示

した神輿舁きの人員配置、体制の原型を連想させる。現在の松尾祭還幸祭に於いて櫟谷社神輿は十三キロメートルを超える長い道のりを、青年会長の指揮のもと粛々と進むが、そのような神輿渡御の在り方の原点が天保十五年の注意書きから窺える。

松尾祭や稲荷祭のように本社から旅所が遠い祭りの場合、神輿渡御の道筋が長くて時間がかかるだけでなく、途中にトラブルが予想される要注意箇所がある場合もある。稲荷祭を例にあげよう。

稲荷神社（現・伏見稲荷大社）の社地にはもとは藤森神社があったが、稲荷神社の鎮座に伴い藤森神社は現在地に移転した。このような経緯から稲荷神社一帯は藤森神社の氏子区域となっており、藤森神社の氏子は、もともとの社地を稲荷神社に取られたという意識を持っていた（第二章の図２－１「氏子区域」参照）。昭和七（一九三二）年までは、藤森神社の祭礼（五月五日）の際、藤森神社の神輿舁きたちが『土地返せ』と言いながら伏見稲荷大社の境内に神輿を舁きいれたという伝承が、藤森神社氏子に伝わっている（伏見経済新聞ＨＰ「藤森祭のみこし担ぎ手を募集」）。稲荷祭の神輿舁きたちは、神幸祭や還幸祭で本社周辺の藤森神社の氏子区域を通過する際には、できるだけ素早く整然と神輿を進めなければならなかったであろう。稲荷祭の藤森社氏子区域に於けるトラブルは歴史的にかなり古くまで遡ることができる。河内将芳によれば大永八（一五二八）年の稲荷祭で、東福寺門前町の「法性寺」を稲荷の神輿が通過する際喧嘩が起こり、稲荷の神輿に付いていた東寺の僧侶が殺害された（河内　二〇〇七二一〇）。東福寺周辺は現在に至るまで藤森神社の氏子区域であり、稲荷祭の神輿渡御のルートである。

以上のことから、図５－１で示した人員配置、体制は、松尾祭または稲荷祭のいずれかの若中によって始められた可能性を指摘したい。祇園祭、今宮祭などの中心部の大型祭礼に於いても、周辺部の中小祭礼に於いても、時間やコースなどについての祭礼に対する公的な規制が強化されたり、神輿舁きの無礼講的な振る舞いが許され難くなった際には、図5‐1で示された人員配置、体制を取り入れることとなったのであろう。

(二) 鳴鐶を巡って

鳴鐶とは左右の轅《ながえ》(だい棒)の前後の先端に取り付ける金具であり、京都の神輿独特のものである(写真5‐2、5‐3)。

写真5‐2の矢印Aで示されている部分は鳴鐶の脚にあたる部分であり、これを轅にあけられている穴にはめ込む。しかし写真のように完全にははめ込めず、脚の部分の半分程度は轅からはみ出すつくりになっている。鳴鐶の脚には刀剣の鍔状の鳴鍔《なりつば》と呼ばれる金属板(座金)が、二～三枚はめられている(矢印B)。「はな(端)」の舁き手が鳴鐶の上部を握り、足を蹴り上げることによって轅を上下に跳ね上げ、神輿を上下に揺らすと鳴鍔は鳴鐶本体と轅の間を上下し、うまく轅に当たると「カシャン」という鳴音を出す(写真5‐4、5‐5)。

鳴鐶をうまく鳴らせるかどうかが、京都の神輿場では神輿の舁き方の上手下手の基準となっている。鳴鐶をうまく鳴らすためには、端の舁き手の轅を上下させるパワーやリズム感が重要であることは言うまでもないが、支点にあたる「どう」や「黒棒」の舁き手が神輿を安定的に支えることや、全体の舁き手がリズムに合わせて神輿を舁くこと、マイク持ちがうまく指揮することなどが必要となってくる。前後左右の鳴鐶が揃ってリズミカルに大きく鳴ったとき神輿舁き集団全体に高揚感が生まれる。

鳴鐶を鳴らすという行為はいつ、どのように始まったのであろうか。

天保六～八(一八三五～三七)年に描かれたとされる横山崋山の「祇園祭礼図巻」(図5‐2)では轅の前方に鳴鐶と同じような形をした金具が付けられている。金具には牽綱《ひきつな》が結ばれ、神輿が引っ張られている。現在の神輿で

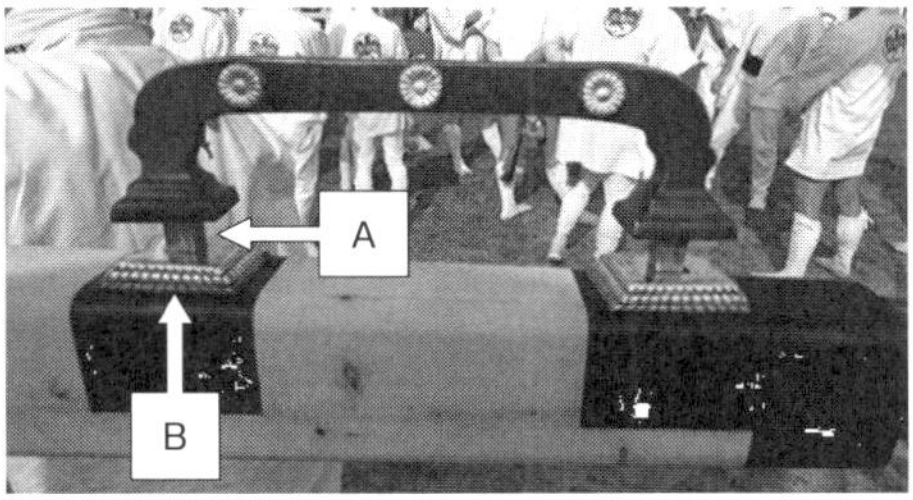

写真 5-2　松尾祭宗像社神輿鳴鐶
2019 年 4 月 21 日　筆者撮影

写真 5-3　稲荷祭田中社神輿鳴鐶
2019 年 4 月 28 日　筆者撮影

写真 5-4　鳴鐶（前）を鳴らす（稲荷祭中社神輿）
2018 年 4 月 29 日　筆者撮影

写真 5-5　鳴鐶（後）を鳴らす
（晴明神社神輿）
2018 年 9 月 23 日　筆者撮影

図 5-2　横山華山「祇園祭礼図巻」（大宮神輿）
出典：永田総監修（2018）、225 ～ 226 頁

は綱は轅の先端に取り付けられた鐶（はな鐶）に結ばれており、鳴鐶に結びつけることは珍しい。[三] 綱を付け引っ張る状態では鳴鐶は鳴りにくいからである。このことから、「祇園祭礼図巻」に描かれた鳴鐶のような金具は、鳴らすためのものではなく、専ら神輿を引っ張る綱を結ぶためのものであったと考えられる。

管見の限りであるが、現在も祭礼で使用されている鳴鐶の中でもっとも古いものは、稲荷祭田中社神輿、松尾祭衣手社神輿、松尾祭大宮社神輿のもので、これらには元治元（一八六四）年の銘がある。なお、松尾祭宗像社の鳴鐶（写真５‐２）には元治二（一八六五）年三月の銘がある。つまり天保六～八（一八三五～三七）年から元治元（一八六四）年の三十年間にこの金具の用途が、神輿を引っ張る実用的なものから、鳴らすという遊びの要素を含んだ用途に大きく変わったことになる。

『西九条ト神事』には、稲荷祭中社神輿の「天保中葉の大修理の時迄は、鐶は轅の先に固定されてゐたものであったが、柄が太過ぎる為であろう細く削られ、その為に鐶の足がぬけ出で、終ひ、その修理が容易でなかった所からそのまゝとなり、舁ぐ中にそれが鳴り出し今の鳴鐶となったものだろうと思う」という西九条の古老福野幸氏の回想がある（原田一九四一　一七）。[四] つまり、神輿の修理完了時には轅に鐶がきちんとはめ込まれていた状態であったが、轅が太すぎたため、轅を細く削った際に鐶の脚がはみ出して、写真５‐２のような形状となった。神輿を舁く中で轅の先に取り付けていた鐶の座金が上下して鳴り出し、鳴鐶と呼ばれるようになったと言うのである。福野幸氏はおそらく幕末もしくは明治初年の生まれであり、祖父の世代が西九条の若中として天保中葉の大修理に関わっているはずである。であるならば、上記の回想は伝説や伝承ではなく、近親者や福野氏の若中時代の先輩からの言い伝えであると思われる。

『福田家文書』「駕輿丁取締承知連印帳」（天保十五（一八四四）年）の「いさめおどらせ」という表現にも注目したい。現在の京都の神輿場では、鳴鐶を鳴らす際の端の神輿舁きの激しい動きを、「跳ねる」、「蹴る」とともに、「おどる」と表現する場合がある。

現存する鳴鐶の製作時期や西九条の古老の回想、天保十五（一八四四）年の『福田家文書』「駕輿丁取締承知連印帳」から推測すれば、鳴鐶を鳴らすという遊びの要素を帯びた神輿の舁き方は、天保の頃には稲荷祭、松尾祭の若中が考案し、神輿舁きの方法を試行錯誤する中で確立したと考えられる。稲荷祭、松尾祭は氏子区域を接しており、祭礼の日程も重なっていて、互いに祭礼の情報が入ってきやすい位置関係にある。また、『日出新聞』明治二十五（一八九二）年五月十三日の「松尾神社氏子の騒擾」には、「一昨日稲荷祭の神輿舁助勢として赴ける壮漢等は神輿を納め終わるや一杯機嫌にて自村に帰り」とあることから、互いの祭りの若中が助に出ることも行われていたことがわかる。稲荷祭、松尾祭の若中間の神輿場での交流が踊るように神輿を舁き、鳴鐶を鳴らす舁き方を練り上げていったのであろう。

その後、神輿場で鳴鐶を鳴らすことは盛大になっていく。丘眞奈美は明治三十年頃の松尾祭の様子として、「松尾社の神輿の掛け声と鳴鐶の音が山びことなり、丹波国篠村（亀岡市篠）まで聞こえた」という古老の話を紹介す

写真 5-6　鐶まわし（松尾祭櫟谷社青年会）
2019 年 5 月 12 日　筆者撮影

る〔丘　二〇二〇　一四九～一五〇〕。

祭礼の際に神輿には鳳凰、瓔珞、鏡など様々な錺金具が取りつけられるが、それらは信仰の対象としての神輿の一部、つまり神具として大切に取り扱われる。それに対して鳴鐶は神輿舁きが使いこなしていく道具であり、神輿舁き集団の象徴でもある。神輿の出る京都の祭礼では、祭礼の朝に若中のメンバーが鳴鐶を鳴らしながら氏子区域をまわり、神輿舁きたちを集める「鐶まわし」が行われる。櫟谷社神輿の轅下区域（下京区西七条東）では祭りの朝、自宅に待機している氏子の神輿舁きたちが、鐶の音に促されて自宅から出て、鐶まわしに加わる様子が見られる（写真５‐６）。

二　京都標準の普及

『京都日出新聞』明治三十八（一九〇四）年七月十七日の記事「今日の祇園會」には「神輿舁は三条臺、稲荷祭の騒がしさに似ず、よいなよいなと静かに舁きゆくぞ名物なる。」とある。

現在は祇園祭も稲荷祭もともに京都標準の舁き方で神輿を渡御させるが、この時点では掛け声や神輿の舁き方が違っており、祇園祭に比べて稲荷祭は「騒がしい」舁き方をしていたことがわかる。稲荷祭が騒がしいのは、おそらくおどり、跳ねながら鳴鐶を鳴らしていた、すなわち京都標準の舁き方をしていたからであろう。

京都標準はどのように広まったのであろうか。

第二章で述べた東塩小路村若中の事例からわかるように、若中の活動の大きな柱として、他の祭への助っ人としての参加や、それに付随する他の若中との付き合いがある。様々な祭礼に於ける若中同士の神輿の舁き合い、助け合いは、六請神社祭礼の件で触れたように現在まで京都全域で続いている。このことから、京都標準の神輿の舁き方は、近世末に松尾祭や稲荷祭の若中が始め、彼らが他の祭礼に助っ人で行った際に京都標準の舁き方を行ったり、松尾祭や稲荷祭に助として参加した他の若中の神輿舁きに、京都標準の舁き方を伝授することで広まったと考えられる。祭礼を重ねるたびに様々な改良が加わり、より一層精緻化したり、普及したりしていったのではなかろうか。

例えば大島明によれば、右京区西院地区の春日祭は若中会によって神輿渡御が行われるが、伝統的に松尾祭の四之社神輿、衣手社神輿及び隣接する山之内山王社（右京区）の神輿舁きと「相互に「助け」」を行っていたという〔大島　二〇二一　三九四〕。また櫟谷社青年会も以前は西院春日祭に「助け」に行っていたが、地域の運動会と同祭の日程が重なることにより、最近は行かなくなったとのことである（二〇二三年五月一四日松尾祭還幸祭で聞き取り）。松尾祭や春日祭を通して京都標準が、西院や山之内の神輿舁き集団に伝わったことであろう。また、米山俊直他によれば、祇園祭の錦神輿会は、「戦後になって初めて西御座の渡御をひきうけたため、縄のかけ方、舁き方などを知らなかった。そこで舁手の応援もかねて西京極の川勝寺（松尾神社の氏子）青年会に指導を依頼した」という〔米山編　一九八六　三二二〕。

これまで述べてきた通り、鳴鐶は京都標準の神輿の舁き方の要となる金具であり、鳴鐶の普及は京都標準の広がりの一つの指標となろう。滋賀県大津市の日吉大社を起点として、比叡山を挟んで京都市側の左京区東部から東山区にかけてのエリアを対象に、鳴鐶の普及について見ていきたい(五)。日吉大社の日吉山王祭（写真5-7）は古い歴史を誇る祭礼であり、祇園祭など京都の祭礼の神輿渡御にも影響を与えたと考えられるが、神輿に鳴鐶は付いていない(六)。延暦寺と繋がりが深い左京区北部大原の江文祭の神輿（写真5-8）は縦横の舁き棒の形状と取り付け方、鳴鐶が見られない点に於いて、日吉山王祭とほぼ同じ形態である。

第二章で触れたように江文祭の神輿は、つい最近まで古くからの氏子の家の長男によって舁かれており、若中や青年会、神輿会といった神輿舁き集団の存在は確認できなかった(七)。神輿を舁く際の装束は素襖を着用し、神社から旅所までの渡御中は掛け声は無い。無言で神輿を舁くのは、おそらく古い神輿渡御の姿をそのまま残していると考えられる。かつて鯖街道と呼ばれた国道三七六号線を大原から南下した左京区八瀬の八瀬天満宮社の神輿にはやはり鳴鐶は付いていない(八)。しかしさらに南下した左京区上高野の崇導神社の神輿には鳴鐶が付いている。そしてさらに南下すると、鷺森神社～八坂神社までの全ての神輿には鳴鐶が付いている(九)。上高野は高野川が京都盆地に出てくる場所であることから考えると、京都標準は京都盆地の東北端まで普及していると言えるのである（図5-3参照）。京都市（一九八五b）によれば、大原、八瀬は隣村から離れた山間の村であり、近世から近代にかけて村の地域、住民構成に大きな変化はなかった〔京都市　一九八五b　四一八～四二〇及び四四五～四四七〕。大原、八瀬では現在でも祭礼では氏子に限定して神輿を舁いている。京都市（一九八五b）によれば、上高野（旧高野村）は明治二十二（一八八九）年の市町村制施行により旧修学院村、一乗寺村と合併して修学院村の一部となった。また大正十四年に叡山電鉄が開通することにより、修学院村一帯は都市化に拍車がかかった〔京都市　一九八五b　三二五～三二七〕。

写真 5-7　日吉山王祭（日吉大社）
2019 年 4 月 13 日　筆者撮影

写真 5-8　江文祭（京都市左京区大原江文神社）
2019 年 5 月 4 日　筆者撮影

図 5-3 鳴鐶の分布（○は有り、×は無し）
※地理院タイルに神社名・位置を追記して掲載。

このことからは上高野（旧高野村）は同村内の他地域（旧修学院村鷺森神社、一乗寺村八大神社）の若中との交流をはじめ、他地域の祭礼の情報が直接入ってくる環境にあった。この環境の差が京都標準の普及に表れていると考えられる。[一〇]

　京都標準は京都の多くの神輿場で見られるだけでなく、現在でも広がりを見せている。例えば、過去に神輿舁き集団が無かった地域に於いて、神輿会を新たに結成する場合は、若中の組織のあり方を踏襲し、京都標準で神輿渡御を行う例が見られる。

　京都市左京区の大豊神社氏子祭は毎年五月四日に行われるが、約五十年の中断を経て二〇〇七年に神輿巡行が復活した。[一一]現在、神輿巡行を担っているのが大豊神輿会である。[一二]同会は同神社の氏子で神輿好きであったＡ氏が、二十五年ほど前に職場の友人を集めた緩やかな神輿同好のグループが出発点である。同氏のグループが京都の様々な祭礼に参加を続けていたが、Ａ氏の地元の大豊神社の氏子に神輿巡行復活への機運が高まり、Ａ氏は神輿巡行の実践面を依頼された。そこでＡ氏は地元の青年やその知人で神輿に興味のあるものを集めて大豊神輿会（当初は鹿ケ谷若中、鹿若とも称した）を結成する。その後、大豊神輿会のメンバーは京都の様々な祭りに助として参加し、京都標準の人員配置、体制、指揮、舁き方を学んだ。稲荷祭の神輿舁き集団Ａ会のＢ氏や隣接する神社の神輿舁き集団Ｂ会のＣ氏のように、熱心に神輿巡行のあり方や神輿の舁き方を教える人物も現れた。そして二〇〇七年には京都標準による神輿巡行が復活したのである。

　京都市下京区の天道神社にはこれまで神輿舁き集団が無かった。氏子有志が二〇〇五年あたりから地元の祭礼を盛り上げようと、積極的に他の神社の祭礼に参加して京都標準の神輿の舁き方を学び、学んだことを地元の祭礼に還元していった。そのうちに氏子の中から神輿会結成の機運が高まり、氏子区域と重なる郁文学区（旧郁文小学校

写真 5-9　住吉祭（住吉大社）
2023 年 8 月 1 日　筆者撮影

校区）の住民自治の連合組織から「若いもんがこんなに頑張っているのなら」という意見が出され、住民自治組織主導で二〇〇七年に神輿会が結成されたのである。現在の天道神社祭礼に於ける神輿巡行は京都標準で行われている[一三]。

京都標準の広がりは京都にとどまらない。

住吉大社（大阪市住吉区）の住吉祭の大神輿渡御は一九四一年以来長らく中断していた。しかし、大神輿が二〇一三年から全面的に修復され、鳴鐶が新たにつくられ、二〇一六年に渡御が復活した（住吉大社ＨＰ「神輿渡御（みこしとぎょ）」）。神輿を舁く時の掛け声は「ベーらー」であるが、体制、人員配置、鳴鐶を鳴らす舁き方は、京都標準である（二〇二三年八月一日フィールドワーク）。大神輿は明治十二（一八七九）年に京都の大工によって製作されたものであり、京都の大型神輿と同じ様式である（住吉大社ＨＰ「よみがえる大神輿」）。大神輿の渡御復活にあたっては、神社関係者や地域の人々が祇園祭をはじめとする京都の祭礼に参加し、神輿の舁き方を実地に学んだ。(一四) 関西には姫路の松原八幡神社秋季例大祭（けんか祭り）や日吉山王祭の神輿や、住吉大社に隣接する堺市などでよく見られる布団太鼓等、舁き方の見本は数多くあるが、京都標準の舁き方を選んだのである。住吉祭は大型で重量のある神輿が市街地を渡御する祭りである。この条件がおそらく京都標準を選ばせた理由であると考える。

京都標準の普及については京都神輿愛好会の存在を抜きに語ることはできない。大島明によれば、京都神輿愛好会は一九八一年に、「松尾大社の「大宮会」（南区唐橋）、御霊神社の「小山郷神輿会」（北区小山）、城南宮の竹田南部（伏見区竹田）及び春日神社（右京区西院）」によって結成された。その後、祭礼に助として参加していた神輿舁きたちによる「同好会的な組織も含めて加盟が相次ぎ」、その後現在までに、十程度の神輿舁き集団が加盟した〔大島 二〇二二 三九八〕。(一五) 京都神輿愛好会は加盟する神輿会の祭礼にとどまらず依頼により他の祭礼へも出向き、京都標準の舁き方で神輿を舁いている。同会のホームページによれば、二〇一八年、二三年には鳥取県の宇倍神社の祭礼、二〇一九年には滋賀県の紫香楽新宮神社の祭礼にも参加しているが、ホームページの写真を確認する限り、それらの祭礼でも京都標準による神輿巡行を行っている〔京都神輿愛好会ＨＰ「画像庫」〕。

三　神輿舁きの競技化

京都標準が広まった京都の神輿場では、他の神輿舁き集団よりも巧みに、そして如何に力強く神輿を舁くかに主眼が置かれるようになった。神輿を舁いている者全員が腕を伸ばして神輿を高く掲げる「差し上げ」、差し上げたままで神輿を回転させる「差し回し」（写真５‐10）などの集団の技を他の神輿舁き集団と競うようになっている。「三

写真 5-10　神輿の差し回し（祇園祭神輿洗式）
2023 年 7 月 10 日　中西恵氏撮影

若、錦の二神輿会が、その技に舌を巻くのが東御座の四若神輿会。追随許さぬ見事な舁きぶりで魅せる。一例が、石段下などで披露する「振り」も無く高い位置のままで神輿を回転させる「差し回し」。極めて高い技術が必要とされる」という記事[一六]がしめすように、この現象は祇園祭に特に顕著である。四若はかつてのような神輿荒れではなく、神輿の舁き方の技量のよって神輿舁き集団としての存在感を誇示するようになった。いわば神輿舁きが団体競技化したのである[一七]。

現在の京都の神輿場では、神輿舁き集団の神輿の舁き方という集団の技とともに、個々の神輿舁きが如何に上手く鳴鐶を鳴らすかという個人技がより一層注目されるようになっている。鳴鐶を鳴らす際には、端に入った神輿舁きは数秒～十数秒程で何度も交代するが、如何に力強く轅を舁き挙げるか、如何にはな（端）の二人が足を揃えるか、如何にリズムよく鳴鐶を鳴らすかに注目が集まる。祭礼の休憩時などの神輿舁きたちが集まる場では、「○○会の誰々は上手い」という評判や、「うまく鳴って（鳴らなくて）テンションが上がった（下がった）」といった発言がよく聞かれる。腕に覚えがある神輿舁きたちは自分の舁き方が上手いと評価されるために、様々な工夫を行ったり、時にはトレーニングに勤しむこととなる。つまり、京都標準という神輿の舁き方の枠の中での個人競技化が進んでいるのである。
個人競技化の象徴が京都神輿愛好会加盟のC会である。C会は特定の地域や氏子関係を超えた「神輿好き」が集まった完全に同好会的な神輿舁き集団である。このような会であるならば、会員の関心が神輿の舁き方に集中するのは当然であり、鳴鐶の鳴らし方、神輿の舁き方の上手下手が常に話題となるであろう。C会は京都神輿愛好会加盟の団体中最大の会員数を有する。つまり様々な祭りに愛好会が参加した際には、必ず一定数以上のC会の会員が参加しており、そこでは個人競技化の雰囲気が濃くなる。[一八] 個人競技化によって神輿場は競争原理がはたらく場となり、神輿舁きたちに序列がつけられたり、特に「下手くそ」、「非力」とされた神輿舁きに対して排除の空気が醸し出されることがままある。

ただし、京都の神輿場には個人競技化とは別の価値観も存在する。

大島明によれば、西院春日神社（右京区）の氏子たちは、祭礼で京都神輿愛好会の助力により「神輿巡幸が継続されたことは評価しつつ」も、「春日祭の独自性が損なわれかねないという危機感」を抱くに至ったとし、最近では氏子からなる西院春日神社若中会会員が積極的に神輿舁きを集め、総数で京都神輿愛好会を上回るようになったという〔大島　二〇一九　九九〕。「春日祭の独自性」が意味するのは、年に一回の氏神の祭礼だけに神輿を舁く氏子が、[一九] 神輿の舁き方云々を気にせず楽しめるような祭礼であろう。

末廣神輿会幹部のE氏は、御霊祭出発のあいさつの中で、「末廣神輿の舁き方に上手い下手はありません。とにかく楽しんでください」と発言していた（二〇一五年五月十八日聞き取り）。第三章で述べたように、末廣神輿の神輿舁きたちは、「えらいやっちゃ」と踊るように神輿を舁く。京都では珍しい祝祭を思わせる賑々しい舁き方であり、個人競技化が醸し出す序列化や排除の空気は祝祭には似合わないと、E氏が感じたことからの発言であろう。

また、京都標準で神輿を舁く全ての祭礼に共通することだが、個人競技化に馴染まないポジションである「どう」、「黒棒」、「ねこした」（図５‐１参照）で神輿を舁く事にこだわる神輿舁きたちの存在も忘れてはならない。鳴鐶がきれいに鳴るには、神輿本体付近の「台場」が安定していて、神輿の高さが保たれていることが肝要である。それゆえ、台場付近の「どう」、「黒棒」、「ねこした」こそが神輿渡御の要であるという誇りを持つ神輿舁きも多い。

小結

本章では、神輿舁き集団としての若中に由来する京都標準の神輿渡御スタイルが、如何に京都の祭礼に影響を与えたかを明らかにした。

京都標準の神輿舁きのスタイルは、できるだけ迅速、安全、確実に神輿を渡御させたい神輿運営側の要求と、祭りに遊びの部分を求める神輿舁きたちの欲求をともに満たす舁き方として、近世末に成立したと考えられる。様々な若中の実践の積み重ねが「標準」にまで高められたのである。祭礼の進行、運営の観点からも、神輿舁きたちにとっての技の競い合い、競技化という観点からもある種の到達点であると感じさせる。このスタイルは神輿の運び方、舁き方にマニュアル化をもたらし、広く京都の神輿舁き集団に採用されることとなった。また、現在では京都以外の祭礼でも見られるようになっている。

京都標準は現代の祭礼にも適合する神輿の舁き方である。現在、京都の神輿舁き集団は氏子以外のメンバーが人間関係で入会することも多く、氏子という地縁に基づく若中の形を辛うじて保っている。(二〇) しかし、今後は東京に見られるように、個々人の意思に基づいた結社の縁、社縁に基づく同好会的な神輿会が中心となり、神輿渡御の運営については氏子組織や神社が担当し、神輿舁きの実際については同好会的神輿会が請け負うという祭礼が主流となる可能性は否定できない。[二二] その際にも京都標準は神輿場で見られることであろう。マニュアル化している人員配置、体制、指揮を踏襲することで神輿は迅速、安全、確実に進むであろうし、競技化した神輿の舁き方は神輿舁きたちを魅了し続けるに違いないからである。

京都標準は京都の祭りに対しては一種の方向性、場合によっては標準化という圧力ともなっている。先に挙げた京都市左京区大原の江文祭のように、京都標準に影響されず地域に伝わるやり方で神輿渡御を続ける祭礼もある。京都ではそれぞれの地域、祭りに個性的でゆるがせにできない歴史があり、その歴史ゆえに地域独特の形を守っている祭礼がある。この点こそが京都の祭礼の特徴であり、神輿の舁き方からもそれがわかるのである。

一方、全国的な普及の勢いが著しい東京圏的な神輿の舁き方に対しては、(全国) 標準化への対抗的存在ともなり得る。京都標準はどのように対抗的であり得るのだろうか。大島明によれば、近年、西院春日祭 (右京区) に長野県の神輿会E会が加わったという。同会からの参加者によると、「東京の神輿と違い神事としての規律が魅力で参加している」とのことである〔大島　二〇一九　九九〕。同会の参加する長野県の祭礼の神輿の造り、飾り等は東京圏の様式であり、東京圏で見られる舁き方で神輿を舁いている。[二三] E会の神輿舁きたちの表現は、京都標準の神輿渡御を東京圏の神輿の舁き方比較した上で対抗的な舁き方と捉えている。とりわけ「神事としての規律」に注目している点が興味深い。管見の限りであるが、筆者の参与観察の中で京都の神輿舁きから、「神事としての規律」という言葉を聞いた記憶がない。また筆者自身は神輿舁きの最中に「神事」という意識はあるが、「神事としての規律」という言葉を聞いたことはある

（二〇一五年四月二十九日聞き取り）。「神事としての規律」とは、東京や他府県の神輿舁きたちに緩やかに共有されている京都の祭礼や神輿渡御のイメージなのかもしれない。

註

（一）例えば三隅貴史（二〇二二）は現代東京の神輿場に於いて、左肩のみで神輿を舁く同好会系神輿会の焦点を当て、左肩のみで神輿を舁くという行動がどのような背景、意味を持つのか読み解くことにより、彼らの実践が祭礼運営側の氏子町会と神輿会との共同性と秩序だった神輿渡御を成立させていることを明らかにしている。

（二）現在の櫟谷社神輿の舁き手も青年会を中心に、四十歳以上の元青年会会員である中老、青年会に加入していない氏子有志の舁き手、他地域からの舁き手で構成されている。

（三）長谷八幡宮の神輿は轅の先端の鐶が無く、鳴鐶に直接綱を結んでいる（二〇二二年十月九日フィールドワーク）。「祇園祭礼図巻」と同様の形式の希少な例である。長谷八幡宮は京都盆地から丘陵で隔てられた小盆地の岩倉にあり、古い形式が保存されていると思われる。

（四）久保智康によれば、西九条が神輿元となっている中社神輿は天保三（一八三二）年に大規模な改修が行われている〔久保二〇一六　三六～三七〕。

（五）日吉山王祭（二〇一九年四月十三日に確認。以下カッコ内は確認時の日付である）、江文神社（二〇一八年五月四日）、八瀬天満宮（二〇一八年五月五日）、崇道神社（二〇一二年五月五日）、鷺森神社（二〇一九年五月四日）、八大神社上一乗寺（二〇一五年五月五日）、八大神社下一乗寺（二〇一九年五月五日）、北白川天神宮（二〇一六年十月九日）、八神社（二〇一四年十月十九日）、大豊神社（二〇二二年五月四日）、粟田神社（二〇一八年十月八日）、大将軍神社（二〇一七年五月二十八日）、祇園祭（二〇二二年七月十七日）。

（六）近世期に描かれた「日吉山王祭礼図」（金地院蔵）〔赤井・中島編　一九八二　七〇～八八所載〕に描かれた神輿の舁き棒の様

は、現在の日吉山王祭と同様である。日吉山王祭の神輿渡御が古い形式を残していることがわかる。

（七）江文祭での聞き取り（二〇一八年五月四日）。

（八）宇野日出生によれば、八瀬天満宮社の祭祀は「高殿（一人）、副高殿（二、三人）、須行（若干名）、先禰宜（一人）と名付けられた八瀬童子が中心となって行」い、「さまざまな古式が集中してい」る〔宇野　二〇〇七　一六二〕。五月五日の本祭は年間行事の一環であり、神輿の行列は「先禰宜・稚児・高殿息子・高殿・須行・副高殿・老衆・町内の者」で構成されており〔宇野　二〇〇七　一六七～一六八〕、若中、青年会、神輿会等を名乗る神輿舁き集団は存在しないと思われる。

（九）例えば、京都市立北白川小学校編『北白川こども風土記』（一九五九）所収の作文、「天神さんのお祭」（田中安雄氏）の文章及び挿絵を見ると、当時の北白川天神宮の神輿舁きの体制は京都標準の人員配置、体制に準じていることがわかる。また挿絵から鳴鐶も確認できる。『北白川こども風土記』については菊地暁・佐藤守弘（二〇二〇）所収の抄録を参照した。

（一〇）井上頼寿は戦前から進んだ上高野の都市化と祭祀組織との関連について以下のように述べる。「上高野は単に高野と云った頃には百七十軒であったが今は三百八十軒に増えてゐる。株へは外来者と雖も随意に這入って差支えないと云ふ寛大な態度を現今では示してゐる」という状況であった〔井上　一九八八（一九四〇）一八四〕。なお、「株」とは宮座の参加資格の株のことである。

（一一）大豊神社の神輿は同社近くにある霊鑑寺の尼門跡から下賜されたものであり、宝暦（一八世紀中葉）の銘がある。地域の言い伝えによると、大豊神社の神輿巡行の中断は、巡行中に神輿舁きの死亡事故が起こり、神輿舁きたちが怒って神輿を白川に舁き捨てたことによる。

（一二）筆者は二〇〇三年から二〇一七年まで同会に所属した。

（一三）二〇一一年、二〇一二年、二〇一四年、二〇一六年、二〇二二年の天道神社例大祭での参与観察に加えて、天道神輿会Ｄ氏からの聞き取り（二〇二一年一月十六日）。

（一四）筆者が参与観察した二〇〇五年、二〇〇六年の祇園祭神幸祭では、住吉大社の関係者が中御座神輿の神輿舁きに参加しており、神輿渡御中に三若神輿会の役員からその旨が全体に紹介された。

（一五）氏子からなる神輿舁き集団の系譜を引く会でなく、様々な祭礼で神輿を舁く事に趣味的に関わる神輿舁きたちによる会である。三隅貴史は東京圏の神輿会を「地域の祭礼運営組織と強い関係を有しない」神輿会を「同好会型神輿会」、「有する」神輿会を「睦会型神輿会」と分類する〔三隅　二〇二三　一六八〕。

（一六）『京都新聞』「祇園祭 四 神輿渡御」二〇〇七年七月五日。

（一七）阿南透等（二〇一八）によれば、「競技化」とは祭礼の中で見られる競い合いが何らかの規範に基づいて遂行される状態であり、ときとして発生してしまう暴力を抑制するはたらきがあるとする。

（一八）伝統的な鳴鐶の鳴らし方は神輿全体の動きに合わせて鳴鐶を鳴らす鳴らし方（「下げ鳴らし」という）であるが、C会の「花形」の神輿舁きたちは神輿全体の動きを気にせず、個人のパワーで神輿を挙げて鳴らす鳴らし方（「上げ鳴らし」）にこだわる。「上げ鳴らし」は神輿全体の動きより個人の動きに注目が集まるからである。

（一九）神輿場に慣れた神輿舁きたちは、このような舁き手を「素人（さん）」と呼ぶ。

（二〇）菊地暁は、学生のレポートに登場する京都の神輿会について、血縁でも地縁でもなく、社縁集団と分類する〔菊地　二〇二二　二一〇～二一一〕。筆者は京都の神輿舁き集団は、氏子という地縁に基づく若中の形をある程度残していると考えているが、視点を変えれば社縁に基づく集団とも見えるのであろう。

（二一）京都に於いても氏子のいない神社の祭りで、京都神輿愛好会が神輿巡行を請け負っている例はある（水火天満宮（上京区）、折上稲荷神社（山科区）等）。また久我神社（北区）の祭礼では、氏子組織が神輿巡行の運営を受け持ち、同好会的神輿会D会が神輿巡行の実践面を請け負っている（二〇一九年十一月三日参与観察）。ただし、以上は少数の例外とも言える数である。

（二二）東京圏的な神輿の舁き方とは、時代劇に登場する「江戸っ子」の職人姿を彷彿とさせる大きなロゴが入った染めの半纏の着用、神輿の舁き棒に余地を残さず舁き手が入り、舁き手同士が体を密着させるポジショニング、全員が身体を上下させる同じ動作で神輿を上下させながら前に進める舁き方を大枠とする。勿論、個々の祭礼や神輿会によって独自の表現がある。その点に関しては三隅貴史（二〇二三）を参照。

終章

結論と展望

帷子姿の静原若連中（京都市左京区静原神社御旅所前） 2024 年 5 月 3 日　筆者撮影

一　本書の概観

本書は様々なアプローチ取りながら京都の神輿舁き集団の成立と展開を探求してきた。以下、章別に概括したい。

第一章「神輿舁きの推移――祇園祭を事例に」では、近世中期から明治初めにかけての祇園会神輿の担い手の変化を、駕輿丁、轅町、願舁、三条台若中に焦点を当てて概観した。駕輿丁は祇園社との特別な関係によって神輿を舁いていたが、住民の入れ替わり、富裕化などで次第に直接、神輿を舁くことから遠ざかった。駕輿丁の住んでいた町は轅町と呼ばれるようになったが、轅町の人々は人足を雇って神輿を舁かせた。しかし、勝手に神輿に寄って来る願舁によって安定した神輿渡御が難しくなる。そこで、様々な祭礼で神輿を舁いていた三条台若中に神輿渡御を任せるようになった。以上の変遷は神輿舁きの形態の中世から現代までの変化の一典型を示す。つまり、祇園社などの神社と特別な関係がある者が神輿を舁くという中世的な神輿渡御の在り方が、人足を雇って神輿を舁かせるという近世的な在り方を経て、神輿舁き集団による神輿渡御という近代的な在り方へと移り変わったのである。

第二章「若者組と神輿舁き」では京都の神輿舁き集団である若中を、稲荷祭、松尾祭といった周辺部大型祭礼、祇園祭、今宮祭といった中心部大型祭礼、そして周辺部の中小規模祭礼に分けて比較、分析した上で、類型化を試みた。周辺部大型祭礼である稲荷祭や松尾祭の若中は、古代から祭礼で大きな役割を果たした旅所近くの人々の役割を引き継ぎ、神輿の維持管理から神輿渡御の一切に責任を持つことから「旅所在地型」若中と名付けた。また、中心部大型祭礼である祇園祭、今宮祭の若中は、近世期は轅町や神事行事町といった町々から近代以降は神社から神輿渡御のみを請け負ったことから「請負型」若中と名付けた。そして、自分たちの村の祭礼で中心的役割を果たす周辺部中小規模祭礼の若中を「村落祭祀型」若中と名付け、若中を三つの型に類型化した。類型の違いによって神社や祭礼、神輿本体との関わりがどのように違ってくるのか考察した結果、例えばコロナ禍の中での祭礼実施についての意思決定や祭礼の形態の違いなど、現在に至るまで祭礼の様々な局面で類型による違いが表れることが明らかとなった。また、京都に於ける神輿が出る祭りの増加に、若中が影響を与えた可能性を指摘した。

第三章「都市周縁と神輿昇き」では、社会的な差別の対象となった都市周縁の人々が、明治に入って新たに神輿昇きへ参加していく過程を解明した。その結果、これらの地域の人々が明治に入って神輿昇きに参入したことは、神輿周囲の氏子たちとの平等を求める動きの一環であることが明らかとなった。と同時に、本章で取り上げた三つの地域の人々の祭礼参加の経緯は、これまで部落史の中で解放運動の先駆けとして評価されてきた紛争、訴訟という経過を経ての参入、という祭礼参加の在り方とは違っており、社会的な差別の対象となった地域の人々の、平等を求めての祭礼参加の在り方が多様であることが明らかになった。また近代京都の大型都市祭礼の活性化に、都市周縁の人々が大きな役割を果たしたことを明確化することができた。

第四章「神輿荒れはなぜ起きたか」では、明治、大正期に祇園祭で様々な騒動（神輿荒れ）を起こした四若組（若竹町組）の集団意識に焦点を当てて神輿荒れを分析した。分析の結果、主として基本的人権が侵害された憤り、怨みに対する異議申し立ての神輿荒れを「公怨型」、大勢の野次馬の前で目立ったり、名前を売り出したりする陶酔感に基づく神輿荒れを「劇場型」、他の神輿昇き集団への対抗意識に発し、自分たちの集団的アイデンティティの強化につながる神輿荒れを「抗争型」と類型化した。また神輿荒れを起こした神輿昇きたちの心性に注目した。彼らが神輿荒れを起こした背景には、彼らの「強烈な承認願望」、「自由奔放な生活感覚」、「社会に於ける立場の不安定性」といった心性があることを推察した。同時に本章では昭和に入る頃には神輿荒れそのものが忘れ去られるという事実から、神輿荒れが明治、大正期に特有の現象であることを明らかにした。

第五章「京都標準の神輿の舁き方」では、現在京都の祭礼で一般的に見られる京都独特の神輿の舁き方を京都標準と名付け、その成り立ちを松尾祭の若中に関係する史料や稲荷祭の若中に伝わっていた言い伝え、現在の祭礼の様子から考察した。また京都標準がなぜ広がったのかを解明し、今後も京都標準が神輿場では採用され続けていくという予測を提示した。

二　研究の視座より

本書では研究の視座として、「民俗集団としての神輿舁き集団」、「神輿舁き集団の近代及び近代化」の二つの視座を設定した。「民俗集団としての神輿舁き集団」は神輿舁き集団の本質と実態を解明することを目指した視座であり、「神輿舁き集団の近代及び近代化」は神輿舁き集団の来歴及び神輿舁き集団が如何に社会や時代情勢から影響を受けたか明らかにする視座である。以上の研究の視座から明らかになったことを以下に挙げたい。

(一) 民俗集団としての神輿舁き集団の成立

柳田國男は、「神輿を舁くべき者の選定には、二種の慣例がある」とし、そのうち「甲は神人と称する特殊の部曲のみからその役を勤めるもの」、「乙は一定の規則に従い、氏子の中から舁き手を出す例である」とした。柳田は甲の典型として「男山の八幡様」とともに「祇園会」を挙げた〔柳田　一九六二（一九一九）四二二〕。本研究の結果、京都の神輿舁きの在り方は甲から乙へと移ってきたことが明らかとなった。例えば祇園祭（祇園会）では、中世から近世初期にかけては祇園社と特別な関係を持つ神人が駕輿丁として神輿を舁いてきたが、近世後半から徐々に若中を名乗る神輿舁き集団が登場してきた。また、若中を名乗る神輿舁き集団の登場は同時期に京都の他の祭礼にも見られるようになった。

神人（駕輿丁）による神輿舁きは中世から近世への時代の変化に対応することができなかったのに対し、若中を名乗る神輿舁き集団による神輿舁きは近世、近代を経て現代に至るまで継続している。両者の違いは何なのか。

河内将芳によれば、大宮駕輿丁であった今宮神人は、もともと摂津今宮村の漁民であり、祇園会の期間は京都で魚介類の販売を許されていた〔河内　二〇一五　六四～六七〕。この事実が象徴するように、神人（駕輿丁）による神輿舁きは、神輿を舁くという役を務めることで販売権の独占や税の免除などの権益を得るという「座」の論理で成立していた。役に対して特権が伴うという座が存在した中世に於いては、神人（駕輿丁）による神輿舁きは問題なく継続し、駕輿丁は特別な力があると考えられていた。河内将芳は、永享三（一四三一）年六月十四日の祇園会で駕輿丁と小舎人・雑色の間に喧嘩が起こり、「御輿一社」が駕輿丁によって河原に舁き捨てられるという事件を紹介する。舁き捨てられた神輿は、「小舎人・雑色とかれらの属する「当職」＝侍所頭人赤松満祐の内者たち三、四百人」が集まって移動させたが、神輿をあげることが出来ず、結局引いていかざるを得なかったという。河内はこの事件の顚末を、「神輿は駕輿丁でないと祇園社へもどすことができなかったということがあったかもしれない」と、考察している〔河内　二〇一二　一六五～一六六〕。神輿舁きは駕輿丁に限るという中世の祇園会のあり様がよくわかる事件である。しかし、近世では駕輿丁役を巡って状況が大きく変わっている。西山剛によれば、近世期には駕輿丁役を轅町として町単位で把握されるようになる〔西山　二〇一七　二八〕。すなわち中世の駕輿丁に見られた特別な力を持つ者という属人的な駕輿丁の捉え方は、町の住人という属地的なそれに転換しているのである。第一章で取り上げた轅町蛸薬師町の『祇園会神輿御供式法』からは、駕輿丁役に対して何らかの権益を享受していたことは窺えない。そして住民の変化により、住民自身が駕輿丁役の本質である神輿を舁くことを担うことができなくなっていた。西山剛はそのあり様を、「轅町として歴史的な自負（名誉）を町側で持ちながらも、実質の勤仕は他者に委ねるという形態の成立は、本来駕輿丁が持っていたはずの「舁く」という行為に於ける職能的な専門性を希薄化させ」たと述べる〔西山　二〇一七　三七〕。極言すれば中世以来の駕輿丁は、何らかの権益を得るために神輿舁きという役を負っていたのであり、神輿を舁くことはあくまでも手段であった。そのため、権益の消滅や住民の入れ替わり等の状況にも対応できる神輿舁き集団としての共同性や凝集性、集団の論理が希薄であったと思われる。[一]

　他の祭礼の古い時代に於ける神輿渡御の在り方については、ほとんどわかっていない。ただし、神輿を舁くという行為には、特別な力や一定の資格が必要であると考えられていたはずであり、神社と特別な関係を持つ人々が駕輿丁役を担っていたと考えられる。[二]それらの祭礼でも様々な状況の変化に遭遇すれば、古い形の駕輿丁役による神輿舁きの在り方は消滅していかざるを得なかったのであろう。

　一方、近世後半に出現した神輿舁き集団の若中が神輿を舁く根本の理由は、氏神への信仰をベースとした「氏子の若者が氏神様の神輿を舁く」という当為に基づく一種の奉仕である。つまり、若中が神輿を舁くことはまず実益よりも理念によるものであろう。理念であるならば、その理念が社会で共有される間はその理念に基づく組織は存続する。「氏子が氏神様に奉仕する」という理念は、近代に入って国家神道の中で寧ろ強化され、現在でも受け継がれている。若中は祭礼の時のみに参集する駕輿丁とは違い、生業や村の自治活動、遊興などでも日々、顔を合わせる若者たちで構成されており、日常生活や活動から組織としての共同性、秩序、機能、アイデンティティなどが強化される環境にあった。筆者が「京都標準」と仮に名付けた神輿渡御の体制、人員配置、舁き方は、このような環境が生み出したのである。

以上の点から若中は神輿舁き集団として実質化しており、集団として実質化したからこそ若中が近世、近代を経て今日まで神輿舁き集団として存続したのである。また、京都標準の発案、普及に端的に見られるように、若中による神輿舁きは、本来は神事であった神輿を舁き、渡御するという行為を民俗に転化したのである。

(二) 神輿舁き集団と近代及び近代化

序論で述べた通り記憶や伝承で遡りうるとある民俗の「前代」を民俗学的近代とするならば、第二章で検証したように現在の神輿舁き集団の「前代」である神輿舁き集団若中の成立を以て、神輿舁き集団にとっての民俗学的近代の始まりと捉えることができる。これ以降、現在に至るまでの展開は神輿舁き集団の民俗学的近代化である。

一方、歴史学に於ける時代区分としての近代は、幕末開国期に始まり第二次世界大戦終了、もしくは占領期までとされる場合が一般的であるが、この間に日本社会は、富永健一が言うところの「西洋近代からの文化伝播に始まる自国の伝統文化のつくりかえの過程」である近代化、すなわち、「近代化にともなう広義の社会変動の諸領域」として「経済的近代化(産業化)」、「政治的近代化(民主化)」、「社会的近代化(自由・平等の実現)」、「文化的近代化(合理主義の実現)」を経験する〔富永 一九九〇 四〇~四五〕。

富永が言うような近代化(西洋化)は神輿舁き集団にも大きな影響を与えた。

近代化(西洋化)の例として、第三章では、祇園祭の神輿の一つ東御座神輿の神輿舁き集団四若を、若竹町の人々が担うようになった経緯を取り上げた。若竹町は近世末に於いては、京都の「非人」の頭村悲田院の支配下にあったが、明治四（一八七一）年の「解放令」によって町を形成し、町組に編入、周囲の地域の人々と氏子として平等の立場となった。このことは後に彼らが祇園祭の神輿舁き集団を形成する基礎となったと考えられる。つまり身分社会である近世に於いて、非田院支配下の人々が独自に神輿舁き集団を形成することなどは不可能であったが、近代に入って「社会的近代化（自由・平等の実現）」によって実現したのである。若竹町の人々は東御座神輿の神輿舁きを、それまで神輿舁きを担ってきた高瀬川水運の関係者たちから正式に譲り受けることとなる。その背景には琵琶湖疏水（鴨川運河）の建設、京都、大阪間の鉄道の敷設による、高瀬川水運の輸送手段としての地位の大幅な低下がある。高瀬川水運の関係者は経済的な苦境に陥り、離職者が相次ぎ、神輿舁きから離れざるを得なくなった。こちらは近代的交通インフラの発達、すなわち「経済的近代化（産業化）」の結果であると言える。若竹町の神輿舁き集団に限らず近代化（西洋化）は様々な神輿舁き集団に大きな影響を与えたことは間違いない。近代化（西洋化）の影響を受けながらも現代に至るまで神輿舁き集団としての若中が存在し続けているのは、若中が早い段階から集団として実質化を遂げていたからだと思われる。

（三）神輿舁き集団の今後

上野千鶴子は、祭りに関わる共同体の社会的紐帯（縁）には血縁、地縁、社縁の三種類があり、血縁、地縁集団が選べない関係であるのに対して、社縁集団は選択を構成原理とし、各成員が自らの意志で参加、不参加や加入、脱退を選べる集団であるとする〔上野　一九八四　五五～五六〕。京都の神輿舁き集団の多くは、現在でも氏子区域・氏子という地縁が基本となっている。かつては若者組といった年齢階梯に基づく組織のあり方、若者に課せられた神輿を舁くという義務、地域共同体のアイデンティティ、氏神への信仰、などが神輿舁き集団の民俗集団としての構成原理というべきものであった。しかし現在の神輿舁き集団は、氏子区域の出身または居住などの地域性をメンバーシップの基本とはしてはいるが、多くの場合ある神社の氏子中の神輿舁きの愛好者とその友人、それに加えて地域の消防団や体育振興会、おやじの会などの組織の人間関係によって繋がっている者が構成している。また多くの場合、入会退会は会員の意思に基づく任意団体となっている。つまり現在の神輿舁き集団は、地縁を建前とし、地縁という繋がりは辛うじて残存してはいるが、かつて地域共同体に見られたような共同性が地域社会から消滅する中で、実態としては社縁化が進んでいるのである。

現在、若中を支えている地域の自治組織も高齢化、低調化しつつある。今後は第五章で紹介した同好会型の神輿会が、氏子組織から神輿舁きを請け負うといったような形が普及するだろう。つまり今後は地縁ベース、若中型の神輿舁き集団から、社縁ベース、同好会型の神輿舁き集団へと移行すると予想されるのである。ただし同好会型の神輿会が主流となった際にも、第五章で触れたように京都標準は各祭礼の神輿渡御、巡行で採用されるだろう。京都標準は神輿舁き全体での神輿の動かし方、神輿舁き個人の神輿の舁き方の両方の観点から矛盾のない神輿渡御、巡行の仕方だからである。京都標準は若中の共同性が生み出したものである。つまり同好会的な神輿会であっても、神輿の舁き方についての技術面や身体面、共同性は若中から受け継いでいくと考えられる。

三　本書の成果

（一）祭礼研究に関連して

これまで京都の神輿舁きを対象とした先行研究は、祇園祭を中心に、特定の祭礼を対象としたものが散見され、時代区分は中世、近世、現代を対象としたもののみであった。本研究は現代京都の祭礼で当たり前に見られる神輿舁き集団を研究対象とした初めての研究となった。例えば祇園祭に於いては、山鉾に関する研究は蓄積があるとともに、山鉾に関する言説は、厳密な歴史研究の成果に基づいている場合が多い。それに対して、神輿に関する言説は、あくまで伝説の範囲を超えていないものが多い。例えば、「祇園祭の神輿三基は、江戸時代までは全て三若が舁いていた」という伝説が昔から神輿場では流布していたが、現在、祇園祭神輿渡御は「祇園祭の本質は神輿渡御」というフレーズを伴って、その伝説もメディアに登場するようになった。全国の「京都ファン」を読者とする『月刊京都』誌（白川書院新社、白川書院）は毎年七月号を祇園祭特集号としている。特集号の中心は勿論、山鉾巡行に関わる記事である。神輿渡御関係の記事に注目すると、一九九〇年代には「神幸祭」の記事中に各神輿と三つの神輿舁き集団を簡単に紹介している年（九〇年、九一年）、全く神輿渡御関係の記事が無い年（九四年、九五年）などがあり、神輿渡御に関する扱いは現在に比べて低調である。しかし二〇〇三年に七ページにわたる特集「祇園祭・神輿の魅力」が組まれ、その中で「もともと八坂神社の三基の神輿は、江戸中期から全て三若が舁いでいた」との記述がみられる。そして、以降はこの言説が誌上に何度か登場する（二〇一一年、二〇一七年）。そして、最近の二〇二〇年～二〇二二年、二〇二四年には中御座神輿の説明として、「三若神輿会の起源は三条台若中神輿会。江戸中期から明治までは三基の渡御にかかわっていました」とあり、伝説が「事実」となっていく過程を感じさせる。

本研究が明らかにしたように、近世末の祇園祭の神輿三基には、三条台若中のみならず、今宮神人、四条船頭町若中が神輿舁きに携わっていた。祇園祭神輿渡御の正しい理解には、伝説ではなく山鉾と同様の歴史研究に基づく事実が必要なのである。祇園祭に限らず様々な祭礼の神輿巡行や神輿舁きに関しては伝説が流布している場合が多い。伝説が伝説のまま流布することについては否定するものではないが、伝説がいつの間にか「事実」となり権威が創造されることは、祭礼研究の視点からすれば避けなければならないだろう。神輿舁き集団のなお一層の歴史研究が望まれる。

神輿舁き集団の研究はまだ緒に就いたばかりであり、研究手法についても試行錯誤の状況である。本研究第一章は祇園祭という特定の祭礼に焦点を絞った神輿舁き集団の前史及び成立史についての文献研究の手法をとっている。第二章は氏子区域という地域概念に注目しつつ、若中の成立と組織の在り方について探究するという歴史地理学的な研究手法を採用した。第三章は明治維新から始まる「近代」化が都市周縁や祭礼に与えたインパクトがどのようなものであったのかについての宗教史、地域史研究である。第四章は近代京都の都市下層を形成した人々からなる神輿舁きたちの心性に注目した社会史的研究である。第五章は神輿の舁き方という技術論、身体論を視野に入れた歴史研究となっている。以上のように本研究は様々な歴史研究のアプローチをとって研究を進め、神輿舁き集団の研究手法について例示を行えたと考える。

(二) 歴史研究に関連して

部落史は旧「かわた」村に連なる被差別部落の歴史のみならず、様々な理由、来歴により社会的にマイナスイメージでとらえられてきた都市下層の歴史も研究の対象としている。しかし祭礼参加、神輿舁きへの参入に関する部落史の先行研究は、「解放令」以降の旧「かわた」村の事例に限定されている。また、神輿舁きへの参入のパターンについては、まず参入を巡って紛争があり、訴訟が起こり、江戸時代の身分制度による祭礼参加の参加資格についての差別は最早無効という裁判所の判決、参入という定式で捉えている。

本研究が第三章で取り上げた事例は、旧「かわた」村に限定したものではない。そして全ての事例が、紛争、訴訟、参入という定式に当てはまらない。

蓮台野区は神輿舁きへの参入を求めて、神輿舁き集団と「大喧嘩」を起こしたが、神輿舁きへの参入は実現しなかった。今宮祭の神輿舁きは氏子全員を対象とした村落祭祀型の神輿舁き集団ではなく、複数の村や町で構成される氏子区域内の特定の村の若中による請負型の神輿舁き集団であったためである。つまり事件の結末については、従来の部落史の定式では解明できず、祭礼研究の視点を導入して初めて理解可能となるのである。

鞍馬口村は御霊神社が明治に入って、新たな御霊神の合祀と旧貴船神社の神輿が奉納されたタイミングを見逃さず、新たな御霊神の祭祀として新しい神輿を自分たちが舁くことを提案し、神輿舁きへの参入を実現したのである。つまりタイミングと条件が合えば、社会的な差別の有無を問わず神輿舁きへの参入が可能となる状況は、既に明治十年代に存在したことが明らかになった。

若竹町はもともと、願舁として祇園会の八王子(東御座)神輿に寄り、明治以降は東御座神輿の中で他の地域の神輿昇き達と喧嘩や揉め事を起こす中で頭角を現し、四条船頭町から若竹町だけで東御座神輿を昇くことを認められ、ついには神輿昇き集団四若を継承する。若竹町の人々は、紛争、訴訟という一種の劇的な方法ではなく、半世紀以上をかけて既成事実を重ね、ついには正式に神輿昇き集団としての地位を獲得するという方法があることを示した。

紛争から訴訟というパターンは、解放運動の一形態として位置づけることができる権利主張及び運動である。鞍馬口村、若竹町の動きは紛争、訴訟というパターンとはまた違った戦略的集団思考を感じさせる。これまでの部落史が言及してこなかった被差別民衆の祭礼参入の形であると正当に評価すべきであろう。

近代以降の都市下層民衆については、貧困、圧迫された生活状況、劣悪な生活環境、不安定な就労状況、もしくは半失業状態などのみが注目されており、祭礼と人々との関わりについては注目されてこなかった。安丸良夫は、「ハレの日に集団行動する若者組は、地域の生活秩序に対抗的な存在であり、その統制と再編成は、近世後期から明治中期にかけての地域の重要問題であった」とし、「民俗的世界は、祭礼と若者組を通して、もっともよく地域社会のなかにその底力を示すことができた」としつつも〔安丸　一九七九　一七三〕、「民俗信仰の世界は、意味や価値としての自立性をあらかじめ奪われた否定的な次元として」、明治政府の「開化主義的な抑圧政策にたいして、不安・不満・恐怖などが不可避的に生まれても、しかしそれは、筋道たてて意味づけられて表されることのできない鬱屈した意識（むしろ自己抑制された下意識）として、漠然と存在するほかない」とする〔安丸　一九七九　一七九〕。

つまり安丸からすれば、明治以降の祭礼に於ける民衆の荒れは民衆史研究上取るに足らない現象となる。たとえ祭礼の場に於いて集団的な暴力といった実力行使が伴っても、それは民俗的世界がその底力を体現した近世の荒れの現象とは異なっており、たまたま「下意識」が表面化した憂さ晴らしに過ぎないのである。民衆の暴力を扱った最新の成果である藤野裕子（二〇一五）にも祭礼に於ける荒れは登場しないことから、おそらく民衆史研究は安丸の考えを踏襲していると思われる。しかしながら本研究の第四章で示したように例えば、神輿荒れには基本的人権を侵害されたことに対する憤り、怨みに基づく「公怨型」というパターンが見出される。公権力の象徴である派出所に神輿を撃ちつけ、警官に抗議するという事実を見るとき、これを「下意識」の憂さ晴らしであると単純に考えることはできないだろうし、この事件は近代以降の祭礼に於ける荒れも民衆史研究の研究対象となることを示している。

以上のことから、都市下層民衆にとって祭礼とは何かという問いは、近代以降の民衆史に於いて看過できない問いであることを、本研究によって示すことができたと考える。

四　本書の課題

最後に本書の課題をあげていく。

集団、組織に関わる研究に於いては、全ての集団、組織を対象とした悉皆的、総論的な研究、または、ある特定の集団、組織に焦点を当てた事例研究が一般的であろう。しかしながら、本書は様々な神輿舁き集団の特定の局面、個別具体の出来事に焦点を当てた構成となっている。このようなスタイルとなったのは、序章であげたような資料の少なさ、神輿舁き集団の閉鎖性などの問題に加えて、コロナ禍拡大の中で祭礼が実施されず、いつもなら祭礼の場で行える実地調査や参与観察が行えなかったことが影響していることも事実である。しかし、このようなスタイルになった根底には、その時期や状況を代表する事例、例えば明治初期については、都市周縁の人々の神輿舁き参入の動きといった象徴的な事例の研究を連ねて行けば、自ずと神輿舁き集団の成立と展開の全体像が浮かび上がるだろうという筆者の見込みがあることを付け加えたい。

本書の研究は基本的には参与観察と文献調査に基づいている。参与観察は筆者自身が神輿舁きとして様々な祭礼に参加する中で行ったものである。参与観察という調査方法から見えてきたものは多い。例えば、第四章の神輿舁きの心性については、先行研究を参考したが、実際に自分自身が神輿を舁く中で先行研究が挙げていた心性と近いものを感じることができた。つまり、神輿を舁くときの興奮や享楽といった自らの内面、様々なキャラクターの神輿舁きたちとのコミュニケーションが参照となったのである。また第五章の神輿舁き集団の若中の神輿の体制や舁き方については、東京の祭礼研究者が実地調査の中で、「京都の神輿の動かし方はさっぱりわからん」とこぼしたように、数回程度の実地調査だけでは理解できないものである。実際に何度も参与観察を行うことによって、実際の動きを体得し、そしてその身体知とでもいうべきものから近世期の資料や言い伝えの内容の解釈が可能となり、京都標準として明確化、提案できた。しかしながら、参与観察にはマイナス面もある。まず神輿舁きにとっては当たり前だが、神輿舁き以外にとっては当たり前でない点を看過しがちであるということである。神輿舁き以外の人々の「素朴な疑問」を看過した不親切な内容となっている点が多々あるという危惧を持つ。参与観察で人間関係が深まった結果、インフォーマントの気持ちを忖度している傾向も自覚している。また、神輿舁きには「自分が属していない会の評判、噂は、軽々しく語るべきではない」という「沈黙の掟」が何となく共有されているが、自らその掟に縛られてしまい、表現や記述内容に迷いが生まれたりした。また例えば、「祇園祭の三基の神輿は全て三若が舁いていた」といったような、ある神輿舁き集団が誇らしく語る伝説の否定などは、おそらく関係する神輿舁きたちの不興を買うだろうという恐れから、躊躇が生じた。参与観察と文献調査のそれぞれの長所を生かした研究を行うべきであるが、どちらかと言えば参与観察から得た結果に強く影響されるような傾向があるのではないかと危惧もしている。

加えて、第三章で述べた地域に対する社会的差別は現在も完全に解消したとは言えず、かつての差別の実態をどのように表せばよいのか、現在の住民たちの意見が非常に気になった。関連する論文を作成するにあたっては、地域の神輿会関係者の意見を聴取する機会をいずれも設けてきたが、神輿会関係者が地域を全ての住民を代表しているとは言えず、今後どのように聞き取りやそれに基づいた論文作成を進めるか大きな課題である。一つの試みとして研究内容を当該地域に還す「ほいっと歴史部」という試みを継続している。「ほいっと歴史部」は四若神輿会の地元である若竹町、若松町を含む東三条地域の公共施設で、四若の歴史について筆者が語る会である。聴衆は現在のところ地元の神輿舁きたちであるが、今後、地域の住民にも開いていきたいと考えている。現在まで三回開催している（二〇一八年十二月二十三日、二〇二〇年二月二日、二〇二三年三月十九日）。

課題は多々ある。今後も様々な研究方法を用いながら、できるだけ多くの神輿舁き集団、祭礼に関わる集団の研究を積み重ねていく所存である。「日本人にとって、日本社会にとって祭礼とは何か」の探求のために。

註

（一）今宮神人は明治四（一八七一）年まで大宮神輿を舁いている。今宮村は摂津国西成郡にあり、近世期には近郊農村化していた。近世期の今宮神人たちはおそらく神輿舁きに適した身体を持った百姓たちであり、轅町の住民のように身体的に神輿舁きが重荷となることは無かったと思われる。また農村という地域性から考えると、今宮神人とは実際には京都の若中と近似した村の若者組からなる神輿舁き集団であった可能性を指摘したい。

（二）久米舞子は一三世紀及び一五世紀の松尾祭での神輿荒れの主体を「神人」、「駕輿丁神人」と指摘している〔久米 二〇一〇 一七〕。

引用・参考文献及びＨＰ

赤井達郎・中島純司編　一九八二『近世風俗図譜』八　小学館

阿南透　二〇〇〇「青森ねぶたとカラスハネト」日本生活学会『祝祭の一〇〇年』ドメス出版

阿南透等　二〇一八「都市祭礼における「競技化」の民俗学的研究」日本民俗学会第七〇回年会発表資料

有末賢　一九八三「都市祭礼の重層的構造――佃・月島の祭祀組織の事例研究」『社会学評論』三三－四

市川秀之　二〇一一「肥後和男宮座論の再検討」『国立歴史民俗博物館研究報告』一六一

伊藤之雄　二〇〇六「都市経営と京都市の改造事業の形成――一八八五～一九〇七」伊藤幸雄編『近代京都の改造』ミネルヴァ書房

井上章一　二〇一五『京都ぎらい』朝日新聞出版

井上頼寿　一九八八（一九四〇）『京都古習志』臨川書店

猪熊兼繁　一九六八「維新前の公家」『明治維新のころ』朝日新聞社

伊従勉研究室　二〇〇八「市街化と氏子組織および神輿巡幸経路の変容――京都盆地と村落祭祀の近代」『民俗藝術』二四

色川大吉編　一九七九『三多摩自由民権史料集』大和書房

岩井弘融　一九六三『病理集団の構造――親分乾分集団研究』誠信書房

岩生成一監修　一九七三『京都御役所大概覚書』上・下　清文堂

上野千鶴子　一九八四「祭りと共同体」井上俊編『地域文化の社会学』世界思想社

内田忠賢　二〇〇〇「変化しつづける都市祝祭――高知「よさこい祭り」」日本生活学会『祝祭の一〇〇年』ドメス出版

宇野日出生　二〇〇七『八瀬童子　歴史と文化』思文閣出版

大石泰夫　二〇一三「若者と祭礼・芸能」『民俗学事典』丸善出版

大島明　二〇二二「神輿渡御祭における担い手の居住地の変遷——京都市西院の春日祭を事例として」『人文地理』七四‐二
大堀研　二〇一〇「ローカル・アイデンティティの複合性——概念の使用法に関する検討」『社會科學研究』六一‐五・六　東京大学社会科学研究所
丘眞奈美　二〇二〇『松尾大社　神秘と伝承』淡交社
岡井毅芳　一九七二「三条台村の土地形態について」『京都市史編さん通信』三三　京都市市史編さん室
小栗栖憲昌　一九八三「御霊神社の祭礼と神輿」監物恒夫編『神輿』一　星雲社
小笹弥太郎　一九九〇「秋祭と若中」『西院昭和風土記』西院昭和風土記刊行会
賀川豊彦　一九六二（一九一五）『賀川豊彦全集』八　キリスト新聞社
柏木享介　二〇一八「現代民俗学における三つの歴史概念」古谷信平編『現代民俗学のフィールド』吉川弘文館
柏木隆法　二〇一三（一九九二）『千本組始末記アナキストやくざ笹井末三郎の映画渡世』平凡社
加藤威　一九八三「衣手社」監物恒夫編著『神輿』二　刊々堂出版
河内将芳　二〇〇七「大永八年の稲荷・東福寺喧嘩について——『稙通公記』を中心に」『朱』五〇
——　二〇一二『祇園祭の中世』思文閣出版
——　二〇一五『絵画史料が語る祇園祭——戦国期祇園祭礼の様相』淡交社
——　二〇二〇『室町時代の祇園祭』法蔵館
川嶋将生　二〇一〇『祇園祭　祝祭の京都』吉川弘文館
菊地暁　二〇二二『民俗学入門』岩波書店
菊地暁・佐藤守弘編　二〇二〇『学校で地域を紡ぐ——『北白川こども風土記』から』小さ子社
北白川天神宮若中会　二〇〇二『若中会結成五十周年記念誌　若中』
北村達雄　一九八三「三の宮社」監物恒夫編著『神輿』二　刊々堂出版
京都映像資料研究会　二〇〇四『古写真で語る京都——映像資料の可能性』淡交社
京都市　一九七一『京都の歴史』二　学藝書林

――　一九八〇『史料京都の歴史』七　平凡社
――　一九八一『史料京都の歴史』一二　平凡社
――　一九八四『史料京都の歴史』五　平凡社
――　一九八五ａ『史料京都の歴史』九　平凡社
――　一九八五ｂ『史料京都の歴史』八　平凡社
――　一九九三ａ『史料京都の歴史』六　平凡社
――　一九九三ｂ『史料京都の歴史「月報」』一四　平凡社
京都市水道局　一九九〇『琵琶湖疏水の１００年《叙述編》』
京都市姓氏歴史人物大辞典編纂委員会編　一九九七『京都市姓氏歴史人物大辞典編纂委員会』角川書店
京都市歴史資料館編　一九九七『若山要助日記』上　京都市歴史資料館
京都市歴史資料館編　一九九九『京都町式目集成』京都市歴史資料館
京都部落史研究所　一九八八『京都の部落史』五　阿吽社
京都ふるさと伝統行事普及啓発実行委員会『京都の祭り・行事――京都市と府下の行事』二〇二〇
――『京都の祭り・行事――京都市と府下の行事』二　二〇二一
京都町触研究会　一九八三～八七『京都町触集成』一～一三　岩波書店
久保貴子　一九九八『近世の朝廷運営』岩田書店
久保智康　二〇一六「稲荷祭神輿」『朱』五九
久米舞子　二〇一〇「松尾の祭りと西七条の共同性」『日本歴史』七四二
――　二〇一三「稲荷祭と平安京七条の都市民」『史学』八二
黒田一充　二〇二三「京都の氏子区域の形成――稲荷社と松尾社」『朱』六六
五島邦治　二〇〇四「稲荷旅所の変遷」『京都町共同体成立史の研究』岩田書店
小林丈広　一九九三「今宮神事と蓮台野村」『京都市史編さん通信』二四三

――　二〇〇一『近代日本と公衆衛生――都市社会史の試み』雄山閣出版
近藤浩史　二〇一九「三条台若中と神輿渡御」三条台若中三若神輿会・三条台若中公益財団法人祇神会編『三条台若中史』
坂本博司　一九八五「稲荷祭の神輿元について――下社鳳鳥神輿を中心に」『藝能史研究』八八
佐藤郁哉　一九八四『暴走族のエスノグラフィ――モードの叛乱と文化の呪縛』新曜社
佐藤一希　二〇二三「上御霊神社相殿に祀られた怨霊――十九世紀における皇位継承問題をめぐる御霊信仰の展開」『京都民俗』四〇
重松正史　二〇〇三「都市下層の「社会的結合関係」と米騒動」小林丈広編著『都市下層の社会史』解放出版社
島村恭則　二〇〇二「近代」小松和彦・関一敏編『新しい民俗学へ――野の学問のためのレッスン二六』せりか書房
――　二〇二一「引揚者と在日の民俗」小川直之・新谷尚紀編『講座日本の民俗学』一　朝倉書店
新修京都叢書刊行会編　一九六七『新修京都叢書』七　臨川書店
――編　一九七〇『新修京都叢書』二〇　臨川書店
杉森哲也　二〇〇八『近世京都の都市と社会』東京大学出版会
鈴木英樹　二〇〇六「京都市の都市改造と道路拡築事業」伊藤幸雄編著『近代京都の改造』ミネルヴァ書房
鈴木日出年　一九六八「史料・「八坂神社日記」抄（一）」『神道史研究』一六‐五、六
高原美忠　一九六二「嘉永以降の八坂神社」『神道史研究』一〇‐六
――　一九七二『八坂神社』学生社
武田俊輔　二〇一九『コモンズとしての都市祭礼――長浜曳山祭の都市社会学』新曜社
竹森健二郎・廣岡浄進　二〇一五「特集第二十回全国部落史研究大会シンポジウム②討論のまとめ」『部落解放研究』二〇二
田中緑紅　一九五九『高瀬川』上　京を語る会
多仁照廣　二〇〇〇「江戸時代京都の若者仲間について――稲荷神社氏子町村を事例に」『朱』四三
田村和彦　二〇二一「近代化」岩本通弥・門田岳久・及川祥平・田村和彦・川松あかり編『民俗学の思考法』慶應義塾大学出版会
辻ミチ子　一九八五「四座雑色」『部落史用語辞典』柏書房

―― 一九九九『転生の都市・京都――民衆の社会と生活』阿吽社
辻ミチ子・中島智枝子　一九一一「明治維新と京都の部落」『京都の部落史』二　阿吽社
土田宏成　二〇一五「近代の資料（四）――新聞・写真・地図」五味文彦・杉森哲也編『日本史史料論』放送大学教育振興会
寺内直子　二〇一二「慶応元年再興祇園臨時祭ドキュメント――芸能に焦点をあてて」『日本文化論年報』一五
戸邉優美　二〇二一「年齢集団と一人前」関沢まゆみ編『講座日本民俗学　四　社会と儀礼』朝倉書店
富永健一　一九九〇『日本の近代化と社会変動』講談社
豊橋市立美術館　二〇〇三『おかげまいりとええじゃないか』
長尾泰源・谷端郷・麻生将　二〇一二「火災図を用いた「元治の京都大火」被災範囲の復元」『歴史都市防災論文集』六
中川清　一九八五『日本の都市下層』勁草書房
中里亮平　二〇〇八「祭礼と『顔が利く』人々――東京都府中市大國魂神社くらやみ祭りの事例から」『民俗学論叢』二三
―― 二〇〇九「祭りブームと祭礼の影響関係――東京都府中市大國魂神社くらやみ祭りの事例から」『民俗学論叢』二四
―― 二〇一〇「変更から見る祭礼の現代的状況――東京都府中市大國魂神社くらやみ祭りの事例から」『日本民俗学』二六一
―― 二〇一九「「祭礼研究」の成立にむけて」『日本民俗学』三〇〇
永田生慈総監修　二〇一八『横山華山展』日本経済新聞社
中西仁　二〇一八「祇園祭神輿渡御の担い手の変遷――近代・「四若」を中心として」『京都民俗』三六
―― 二〇二一a「末廣神輿考――祝祭型神輿舁きの成立」『佛教大学大学院紀要』四九
―― 二〇二一b「神輿荒れはどのように、そしてなぜ起こったか――明治・大正期京都祇園祭に注目して」『日本民俗学』三〇六
―― 二〇二一c「轅町と若中――近世末から明治初期の祇園祭神輿渡御の担い手たち」『鷹陵史学』四七
中西宏次　二〇一六『京都の坂――洛中と洛外の「境界」をめぐる』明石書店
中西守　一九八三「松尾の両祭」監物恒夫編著『神輿』二　刊々堂出版
中野紀和　二〇〇〇「視線の力――都市祭礼・小倉祇園太鼓からみた新たな紐帯」日本生活学会『祝祭の一〇〇年』ドメス出版

中村栄吉　一九八三「宗像社卯ノ鳥神輿と神事輿丁」監物恒夫編著『神輿』二　刊々堂出版
那須明男　二〇一六『帳箱の犇く文書――橋辨慶町』橋辨慶町
西御座錦神輿会　二〇一六『錦のみこし――祇園祭と京の台所』
西村為彦　一九八三「櫟谷社神輿について」監物恒夫編著『神輿』二　刊々堂出版
西山剛　二〇一三「近世期における祇園会神輿駕輿丁の変化」『京都文化博物館紀要朱雀』二五
――　二〇一七「中近世における祇園会神輿をめぐる人々――祇園会駕輿丁をめぐって」『藝能史研究』二一八
――　二〇二一「北野祭礼神輿と禁裏駕輿丁」『世界人権問題研究センター研究紀要』二六
日本祭礼行事集成刊行会編　一九七二『日本祭礼行事集成』五　平凡社
――　一九八二『日本祭礼行事集成』七　日本祭礼行事集成刊行会
日本生活学会　二〇〇〇『祝祭の一〇〇年』ドメス出版
能川泰治　一九九五「日露戦争前後の都市下層社会――大阪市の人力車夫を事例に」『歴史学研究』六二七
原田敏明　一九七五『村の祭祀』中央公論社
原田虎之助　一九四一『西九条卜神事』西九条神事係及び西九条神事係取締
林屋辰三郎・村井康彦・森谷尅久等編　一九七九『京都市の地名』平凡社
肥後和男　一九八五（一九四一）『宮座の研究』アジア図書センター
土方鉄　一九七三『被差別部落のたたかい』新泉社
福田アジオ　一九八九『時間の民俗学・空間の民俗学』木耳社
福原敏男　一九九五『祭礼文化史の研究』法政大学出版局
――　二〇一四『京都の砂持風流絵巻』渡辺出版
藤田彰典　一九七九「江戸後期の京都高瀬川と三郷薪屋仲間」秋山國三先生追悼会編『京都地域史の研究』国書刊行会
藤野裕子　二〇一五『都市と暴動の民衆史――東京・一九〇五―一九二三年』有志舎
――　二〇二〇『民衆暴力――一揆・暴動・虐殺の日本近代』中央公論新社

部落問題研究所編　一九九七『部落の歴史と解放運動近代編』部落問題研究所
本多健一　二〇一三『中近世京都の祭礼と空間構造――御靈祭・今宮祭・六斎念仏』吉川弘文館
――　二〇一五『京都の神社と祭り』中央公論社
――　二〇二二「都市における氏子区域の歴史的考察――研究史の検討および中近世界の事例をふまえて」『歴史地理学』六四‐二
牧知宏　二〇〇七「近世後期京都における災害対策と都市行政――安政三年（一八五六）加茂川土砂浚を事例に」『歴史都市防災論文集』一
牧野修也編　二〇二一『変貌する祭礼と担いのしくみ』学文社
松沢裕作　二〇二二『日本近代社会史』岩波書店
松平誠　一九九〇『都市祝祭の社会学』有斐閣
真弓常忠編　二〇〇二『祇園信仰事典』戎光祥出版
三枝暁子　二〇二二『日本中世の民衆世界』岩波書店
三隅貴史　二〇一六「「神輿会」研究の課題――都市祭礼研究の一視点」『京都民俗』三四
――　二〇一七「東京周辺地域における「江戸前」の美学の成立――神輿会に注目して」『日本民俗学』二九二
――　二〇二二「祭礼における共同性はいかにして可能か――東京圏の神輿渡御における町会・神輿会関係を事例として」『ソシオロジ』六四
――　二〇二三『神輿と闘争の民俗学――浅草・三社祭のエスノグラフィー』七月社
宮前耕史　二〇〇九「「青年」の民俗学」飯島吉晴・宮前耕史・関沢まゆみ『日本の民俗』八　吉川弘文館
三好和義・岡野弘彦他　二〇〇四『日本の古社伏見稲荷大社』淡交社
村山弘太郎　二〇一六ａ「近世京都における祭礼運営と町組――西陣・今宮祭を事例として」『京都外国語大学研究論叢』八六
――　二〇一六ｂ「近世京都における祭礼運営維持の論理――紫野今宮祭を事例として」京都民俗学会第二九一回談話会資料
森田三郎　一九九〇『祭りの文化人類学』世界思想社

八木透　二〇一三「年齢集団と年齢階梯制」『民俗学事典』丸善出版
矢島妙子　二〇〇〇「祝祭の受容と展開――「YOSAKOIソーラン祭り」日本生活学会『祝祭の一〇〇年』ドメス出版
安丸良夫　一九七九『神々の明治維新』岩波書店
――　一九九一（一九七四）『日本の近代化と民衆思想』平凡社
柳田國男　一九六二（一九一九）「祭禮と世間」『定本柳田國男集』一〇　筑摩書房
――　一九六三（一九三一）「明治大正史世相編」『定本柳田国男集』二四　筑摩書房
――　一九六二（一九四二）「日本の祭り」『定本柳田國男集』一〇　筑摩書房
谷部真吾　二〇〇〇a「祭りにおける対抗関係の意味――遠州森町「森の祭り」の事例を通して」『日本民俗学』二二二
――　二〇〇〇b「見せる祭りを目指す実践の誕生――遠州「森の祭り」における花火打ち上げをめぐって」日本生活学会『祝祭の一〇〇年』ドメス出版
山口昌男　一九八八（一九七七）『知の祝祭　文化における中心と周縁』河出書房新社
山田浩之編　二〇一六『都市祭礼文化の継承と変容を考える――ソーシャル・キャピタルと文化資本』ミネルヴァ書房
横井敏郎　一九九〇「明治後期の都市と「部落」――京都市を事例として」『部落問題研究』一〇五　部落問題研究所
吉川忠男　二〇二〇a「神輿渡御の舁き手とその心意気」京都市文化市民局文化財保護課『祇園祭温故知新――神輿と山鉾を支える人と技』淡交社
――　二〇二〇b「祇園祭は疫病に負けたのか」八『祇園祭は疫病に負けたのか』KLK編集部
吉田伸之　一九九三「近世前期の町と町人」五味文彦・吉田伸之編『都市と商人・芸能民――中世から近世へ』山川出版社
吉村智博　二〇一二a『近代大阪の部落と寄せ場――都市の周縁社会史』明石書店
――　二〇一二b『近代大阪の都市周縁社会』近現代資料刊行会
米山俊直　一九七四『祇園祭――都市人類学ことはじめ』中央公論社
――編　一九八六『ドキュメント祇園祭――都市と祭と民衆と』日本放送出版協会
冷泉貴実子　一九八七『冷泉家の年中行事』朝日新聞社

和崎春日　一九八七『左大文字の都市人類学』弘文堂
――　一九九六『大文字の都市人類学的研究 左大文字を中心として』刀水書房
レイヴ、ウェンガー（佐伯胖訳）　一九九三（一九九一）『状況に埋め込まれた学習――正統的周辺参加』産業図書

大島明　二〇一九「伝統的祭礼をめぐる担い手の再構築――京都・西院の春日祭における神輿輿丁を例として」（二〇一九年人文地理学会研究発表要旨）
https://doi.org/10.11518/hgeog.2019.0_98（閲覧日　二〇二二年十月七日）
大塚英志　二〇一七「柳田國男で読む主権者教育「祭礼と世間」を読む／柳田國男の「群集」論」太田出版『at プラス web』
https://www.ohtabooks.com/at-plus/entry/13540/（閲覧日　二〇二三年七月十七日）
橘川俊忠　二〇一七「神奈川県の自由民権運動～その歴史から何を学ぶか～」参加型システム研究所『参加型システム』一〇九
http://www.systemken.org/pdf/s109.pdf（閲覧日　二〇二三年七月十五日）
京都府神社庁「御靈神社（上御霊神社）」
http://www.kyoto-jinjacho.or.jp/shrine/02/004/（閲覧日　二〇二三年七月十三日）
京都神輿愛好会「画像庫」
http://mikosi.ddo.jp/index.html（閲覧日　二〇二四年六月二十二日）
住吉大社「祭りと年中行事」
https://www.sumiyoshitaisha.net/events/（閲覧日　二〇二二年八月十八日）
住吉大社ＨＰ「神輿渡御（みこしとぎょ）」
https://www.sumiyoshitaisha.net/events/annualevents/08.html（閲覧日　二〇二四年六月二十日）
住吉大社ＨＰ「よみがえる大神輿」
https://www.sumiyoshitaisha.net/events/mikoshi.html（閲覧日　二〇二四年六月二十日）
伏見稲荷大社ＨＰ「行事と祭礼：稲荷祭（区内巡行）」

http://inari.jp/rite/?month=4%E6%9C%88#340（閲覧日　二〇二三年六月二十九日）
伏見経済新聞ＨＰ「藤森祭のみこし担ぎ手を募集」
https://fushimi.keizai.biz/headline/374/（閲覧日　二〇二三年七月二十三日）
松尾大社ＨＰ「祭典・行事」「神幸祭」「還幸祭」
https://www.matsunoo.or.jp/events/（閲覧日　二〇二四年六月十八日）
紫野今宮神社ＨＰ
「祭礼」http://www.imamiyajinja.org/event/（閲覧日　二〇二三年六月二十九日）
「歴史」http://www.imamiyajinja.org/history/（閲覧日　二〇二三年六月二十九日）

初出一覧

序　章　書き下し

第一章　「轅町と若中――近世末から明治初期の祇園祭神輿渡御の担い手たち」『鷹陵史学』四七（二〇二一）を加筆修正。

第二章　「京都の祭礼における神輿舁き集団若中に関する考察」『京都民俗』三九（二〇二一）を加筆修正。

第三章　「神輿場はなぜ荒れたのか――柳田國男『祭礼と世間』から考える」『佛教大学大学院紀要文学研究科篇』四七（二〇一九）、「末廣神輿考――祝祭型神輿舁きの成立」『佛教大学大学院紀要文学研究科篇』四九（二〇二一）、「祇園祭神輿渡御の担い手の変遷――近代・「四若」を中心として」『京都民俗』三六（二〇一八）を加筆修正。

第四章　「神輿荒れはどのように、そしてなぜ起こったのか」『日本民俗学』三〇六（二〇二一）を加筆修正。

第五章　「京都の祭礼における神輿舁き集団若中に関する考察」『京都民俗』三九（二〇二一）の一部を加筆修正。

終　章　書き下し

あとがき

本書は、二〇二三年佛教大学に提出した博士学位請求論文『神輿舁き集団の歴史民俗学研究――京都の祭礼を事例として』（主査八木透佛教大学教授、副査村上忠喜京都産業大学教授、副査斉藤利彦佛教大学教授）に加筆修正を加えたものです。

指導教員である八木透先生には、本書を書き上げるにあたりまして、大変お世話になりました。論文作成の過程において、常に本質を突いたご指摘を頂きました。何度も行き詰まった研究を何とか続けることができたのは、先生のご指導のお陰です。八木ゼミでは、初老の大学教授という私のような「ややこしい」大学院生に対して、若い大学院生の皆さんと同じようにご指導いただきました。先生が醸し出される分け隔てない学びの雰囲気の中で安心して研究を続けることができました。

京都産業大学の村上忠喜先生には、博士論文の内容について丁寧な査読、ご指導を頂きました。また、博士論文の作成に至るまでの京都民俗学会での発表や、本書の基となった諸論文の内容につきましても、具体的な事実に基づいたご指導を頂きました。長く京都市の文化財保護部門で調査、研究を重ねてこられた先生の視点から、多くを学ばせて頂きました。

京都芸術大学元教授で歴史古文書塾「往還塾」を主宰されている五島邦治先生には、古文書の読み方、解釈について一から教えていただきました。もし先生から古文書を学ぶことがなかったならば、自力で翻刻、公刊されていない近世古文書を読むことも叶わず、本書の内容はさらに浅いものとなっていたと思います。

まえがきでも書きましたが、本研究の着想を得たのは、主として京都の祭礼の神輿場でした。神輿舁きの方々から本当に多くの事を教えていただきました。とりわけかつて同じ神輿会に所属し、現在も神輿舁きとしての友人である奥本泰弘氏、木村政則氏、柳原将史氏の三名には大変お世話になりました。彼らの多大な協力と励ましが無ければ、実地での研究や調査は進めることができませんでした。また彼らとの酒食を交えながらの神輿談義から研究のヒントを得たことも少なくありませんでした。

奥本伊津子様、御霊神社末廣神輿会の長谷川文男様、御靈神社宮司小栗栖元徳様、今宮神社大宮御輿輿丁会の上野新三郎様、伏見稲荷大社下社神輿（中堂寺）の児玉佳憲様、大将軍八神社神輿会の高田衛様、天道神社神輿会の中川善良様には聞き取り調査にご協力いただきました。その他、優に百を超える神輿舁きの方々や祭礼関係者から様々ご教示頂きました。本来ならば全てお名前を記すべきですが、紙幅の関係で叶いません。また神輿場で直接御礼申し上げられたらと思います。

研究を始めたころは、神輿舁きなど研究テーマにならない、と言われたこともしばしばあり、神輿の研究者も多くなかったのですが、二〇一六年の日本民俗学会年会で、東京の神輿会を研究している三隅貴史氏（現関西学院大学社会学部助教）に出会えたことは本当に幸運でした。三隅氏の神輿会研究の視点や手法から学んだことは多々あります。また偶然にも立命館大学で同僚であった大島明氏が、京都の神輿会研究を進めておられることがわかり、特に現代の京都の神輿会の状況について学ばせて頂きました。その他、佛教大学八木ゼミ、京都民俗学会、都のまつり文化研究会、同志社大学人文科学研究所第十五部門等で様々な方々から、本研究に対して御意見、御示唆を頂きました。

貴重な研究休暇の機会を与えていただいただけではなく、自由な研究をお認めくださった立命館大学、同産業社会学部教授会に深く感謝いたします。残り少ない大学教員生活ですが、「本業」の社会科教育研究に本研究を少しでも生かすことができればと思います。

本書は長い長い回り道を経て形になりました。

一九八七年に同志社大学文学部で竹居明男先生のご指導の下、卒業論文「吉田神道の成立事情に関する一考察」を書き上げた際、若かった自分は初めて歴史研究の面白さを垣間見ました。学部卒業後も歴史の勉強を続けたいと強く思いましたが、諸般の事情が許さず、教員採用試験を受けて中学校現場に飛び込みました。公立中学校教員の仕事は予想以上に厳しかったです。休日出勤や早朝から深夜に及ぶ日々の激務に疲れ果ててしまって、いつの間にか歴史の勉強からは遠ざかってしまいました。その後、国立大学の附属中学校に異動し、社会科授業の実践研究を進めるなかで、社会科教育の研究者として大学教員となりました。

二〇一六年秋から一年間、立命館大学から研究休暇をいただくにあたって、歴史を研究したいという若い日の希望を実現したいと思いました。どのように勉強を進めるか迷った挙句、佛教大学の通信制大学院で歴史を学ぶことを選択しました。入学説明会に行った日のことを思い出します。会場におられた佛教大学教授の貝英幸先生、藤松素子先生に、研究休暇を利用して通信制大学院で一から歴史を学びたい旨を伝えると、それは素晴らしいことであるとの言葉を頂きました。その言葉にどれだけ勇気づけられたかわかりません。その日からも十年近く経ちました。

本書をまとめることで、長年の夢の一端を果たすことができたように思います。
最後になりましたが、筆者をいつも応援してくれ、本書の出版をわがことのように喜んでくれた妻の恵に、心からの「ありがとう」を伝えたいと思います。

二〇二四年七月

中西　仁

人名索引

事項索引

あ行

か行

さ行

た行……………………………………………

な行……………………………………………

は行

ま行

や行

ら行

わ行…………………………………………

■ 著者紹介

中西　仁（なかにし・ひとし）

1963 年　京都市生まれ。

1987 年　同志社大学文学部卒業。

中学校教師などを経て、現在、立命館大学産業社会学部教授。

2023 年　佛教大学大学院文学研究科歴史学専攻博士課程（通信制）修了。

博士（文学）。

専門は、社会科教育・日本民俗学。

神輿舁きはどこからやってくるのか

——京都にみる祭礼の歴史民俗学

2024 年 11 月 15 日　初版第 1 刷発行

著　者　中西　仁

発行者　杉田啓三

〒 607-8494　京都市山科区日ノ岡堤谷町 3-1

発行所　株式会社　昭和堂

TEL（075）502-7500 ／ FAX（075）502-7501

印刷　モリモト印刷

ISBN978-4-8122-2324-6

＊乱丁・落丁本はお取り替えいたします。

Printed in Japan

八木　透　編

京のまつりと祈り

――みやこの四季をめぐる民俗

京都の伝統行事と民俗信仰を研究する傍ら、祇園祭や送り火の担い手として活動する民俗学者が、ディープな京都をご案内。

一九八〇円

八木　透　編著

京都愛宕山と火伏せの祈り

これまで学術調査の入ったことのなかった愛宕山と愛宕信仰に光を当て、その歴史と民俗を紹介する。

二六四〇円

丸山俊明　著

京のまちなみ史

――平安京への道／京都のあゆみ

京都の歴史とまちなみの変遷を、多数の図版でわかりやすく解説。１００項目のどこからでも読みやすい、京都の歴史・建築の入門書。

二五三〇円

昭和堂〈価格10％税込〉
http://www.showado-kyoto.jp